音訳事例集

ことば・文章の読み方編

遠藤美枝子

はじめに

公共図書館に求められる「読書のバリアフリー化」とは

『ハンチバック』で2023年に芥川賞を受賞された市川沙央氏が、ご自身の不自由な読書体験を明らかにされて以来、メディア等で「読書のバリアフリー化」について取り上げられる機会が増えてきました。長年、音訳に携わってきた一員としてうれしく思うと同時に、今後、公共図書館における「障害者サービス」がどのように広がっていくことができるのか、気がかりな面があることも事実です。

全国に先駆けて東京都が、都立中央図書館開館と同時に「障害者サービス」を開始してから50年が経過しました。けれども未だ、多くの公共図書館における「障害者サービス」はなかなか進んでいないのが現状です。2006年に国連総会で採択された「障害者権利条約」が、遅ればせながら日本では2014年に批准されましたが、大活字本を数点、書棚に並べておくだけでは、「障害者サービスを実施している」とは言えません。

利用者が希望する本を希望する形で届けることが、公共図書館に求められる「読書のバリアフリー化」ではないでしょうか。図書館サービスの一環として「バリアフリー化」を進めるためには、図書館員の力だけではなく、読書に不自由を感じている人も、いまは不自由を感じていなくてもいつか感じるかもしれない人も、意見を出し合い、協力して進めていく必要があります。

音訳ボランティアグループの会員として活動中の方たちも、利用者と図書館との架け橋となって、図書館に「障害者サービス」を進めるよう働きかけましょう。一歩でも「読書のバリアフリー化」を前進させるために。

音訳図書製作の際の基本となる2つの柱

図書製作の際に基本となるのは、つぎの2つです。

①原本同一性の保持

音訳者が原文に手を加えてはいけないことは、よくご存知だと

思います。

　とくに公共図書館の蔵書製作においては、著作権法との関係から、原本に忠実に読むことが求められます。けれどもこれは、法律上の問題だけではなく、利用者の強い要望によるものでもあることを忘れないでください。勉学のための必要上のみならず、「私たちは、晴眼者が読んでいるのと同じものを読みたいのだ」という利用者の願いに基づいているのです。

　もちろん沖縄方言やアイヌ語等、原文のまま読めない例は多々あります。その場合は「デイジー版凡例」や「音訳者・注」で、原本の表記がどうなっているか、そして音訳者はそれをどう読むか説明し、それに従って処理すれば解決することです。

②聴くだけで内容を正しく理解できるように読む

　晴眼者は一度でも字面を見れば、ある程度まで内容を理解できるでしょう。ですから利用者が理解しにくい文章や、わかりにくいことばにまったく気づかずに、読み進んでしまうことが多いのです。「音訳者の読んだ内容の６割から６割５分くらいしか理解できない」という利用者のことばをしっかり受けとめてください。

　つねに「聴いている自分」を想定しながら、この読み方で伝わるか、このことばがわかっていただけるか、「読んでいる自分」に問いかけながら読みましょう。まず気づくこと、そして伝え方を工夫してください。

音訳者は不要になる？

　音訳者の中には、「読書のバリアフリー化と同時にデジタル化が進み、ＡＩ（人工知能）が読む時代になって、音訳者は不要になるのでは？」と心配する方も多いようです。確かにニュース原稿を読むＡＩの自然な声を聞いていると、音訳者に変わってＡＩが音訳をする日が来るのも遠くないように思われるかもしれません。

けれども私は、ＡＩが全面的に音訳を担えるようになるまでには（それは「読書のバリアフリー化」の一つの理想であるかもしれませんが）、まだ時間が必要だと思います。公的刊行物の分野では比較的早い時期にＡＩが登場するかもしれませんが、図書製作に関してはどうでしょう。音訳者の方たちが日々、努力を重ね研鑽を積んでいるように、ＡＩに多くのことを学習させていく必要があります。

　先ほど紹介した２つの柱のバランスをとりながら読んでいくことは、ベテラン音訳者にとってもむずかしいことです。

　たとえば、記号の処理（カッコを読むか、読まないか等）や、句読点の問題（読点通りに読むと文意が正しく伝わらない場合の読み）、同音異義語の処理（「蜘蛛の寸劇」が「雲の寸劇」と受け取られないか、「蚊にピアス」が「蟹ピアス」にならないか、「Ｋ大生」と「慶大生」、「if」と「畏怖」、「フーガ」と「風雅」、「グラフ２は」と「グラフには」も同音であることに気づき、適切な処理ができるか）等々、ＡＩが学習すべき課題は山積しています。

　そしていま、上にあげた例は、音訳者の方たちにも学んでいただきたい音訳の根幹に関わる問題です。この事例集を上梓するに至った理由は、まさにここにあります。「原本同一性を保持しつつ、聴くだけで内容を正しく理解できるように読む」とは、具体的にはどういうことなのかを実例をあげて解説しました。

　音訳上の処理に迷った際は、この２つの柱を思い出し、著者と利用者のバランスをとりながら判断しましょう。

　この音訳事例集は、『ことば・文章の読み方編』と『図版の読み方編』の２分冊になっております。あわせてご利用いただければ幸いです。

2024年1月
遠藤美枝子

もくじ

ことば・文章の読み
例題

Ⓐ 読み

　ことばは生きものです。時代が移り変わるにつれて、古いことばは廃れ、新しいことばが生まれてきます。字面は同じでも　「読み」も「意味」も変化してしまうこともあります。

　はじめは「～の誤読」と表記されていた「読み」が、辞書が版を重ねていくうちに「慣用読み」となり、さらに歳月を経ると、「正しい読み」は「老人語」や「死語」扱いされたり、辞書に掲載されなくなったりします。

　「他人事」を「たにんごと」と読んで、誤読と指摘された経験を持つ方は多いでしょう。けれども最近は「自分事」と比較・対照するために、意図的に「たにんごと」を使う人が多くなりました。マスコミ関係者や、メディアに登場する著名人にも「たにんごと」が多用されています。こうなると「たにんごと」は誤読とは言えません。新聞、雑誌の記事中では「自分事」の反対の意味で使用されることが多いので、「たにんごと」でよいでしょう。

　けれども古い資料を読む場合、とくに文学書を読む際には注意が必要です。向田邦子さんや三浦哲郎さんが「たにんごと」を使用したかどうか、考えてみてください。町田康さんの作品なら可、向田邦子さんの作品なら「誤読」という場合があるのです。

　また、専門書を読む際には、その分野の読みを優先しましょう。「思惑」は一般用語では「おもわく」ですが、仏教用語では「しわく」と読みます。

　このように、一つのことばに何通りもの読みがあるのです。時代背景や資料の分野、文脈の中での意味を考えて判断しましょう。

　「ことばは生きもの」であることを忘れないでください。

♣ 読みの統一について

　「読みの統一」を優先するあまり、その文脈中での「適切な読み」を忘れていませんか？

　日本語の慣用的な使い方によって、「読み」が変化する例をあげてみましょう。

例1 ▶ 体
　タイ：〜を交わす、〜を預ける、〜を成す、〜を開く、〜をひく、〜もない
　テイ：〜の良い逃げ口上、職人〜の男、ほうほうの〜

例2 ▶ 注ぐ
　ソソぐ：眼を〜、　太陽がふり〜、火に油を〜
　ツぐ：（酒、お茶を）〜、醤油ツぎ

例3 ▶ 家
　イエ：お〜の大事、　〜を建てる
　ウチ：お〜の方に連絡して、　〜の人

異　　・意見を異（こと）にする
　　　・異（イ）を唱える

気色　　・気色（けしき）ばむ
　　　・気色（キショク）をうかがう

♣ 意味の異なる二通り以上の読みがある例

施行	①せこう・しこう	法律用語では「しこう」
	②せぎょう	A．仏法の善行を積むため僧侶や貧しい人に施しをあたえること B．しこう

強飯	①こわめし	おこわ
	②ごうはん	A．こわめしに同じ B．大きな椀に山盛りにした飯を無理に食べさせようとする行事。日光ぜめ
	③きょうはん	無理やり食べさせる

本書	①ほんしょ	この文書
	②ほんじょ	〔仏〕各宗派開宗の根本をのべた書物
	③ほんがき	

裏金	①うらきん	A．日本画で絵絹の裏から金箔を当てたもの B．陣笠の裏に金箔したるもの
	②うらがね	A．取引などでこちらの思うように事を運ぶため、表に出さないで相手に与える金銭 B．ものの裏面に打ちつけた鉄の薄板。特に雪駄の裏のかかとの部分につけるもの。尻金（しりがね）

執筆者注：以前、筆者が音訳した資料に、その本の著者がふったルビで「しりがね」としていたものがあったが、原本不明のため、「しりがね」は削除することとした。

出端	①ではな	物事をはじめてすぐ。でばな
	②でばな	
	③では	古典芸能一般で人物の登場のこと

木場	①きば	材木をたくわえておく場所
	②こば	山で伐採した木を集めておく山間の狭い平地。木工場（きこば）

輔佐	①ほさ	かたわらにあってその人の仕事を助ける人
	②ふさ	A．「ほさ」に同じ B．関白の異名

| 中通り | ①なかどおり | |
| | ②ちゅうどおり | A.「なかどおり」に同じ
B. 江戸で歌舞伎役者の名題下（幹部級の俳優）の三階級のうち中位のもの |

戸主	①こしゅ	
	②へぬし	平安京の宅地の区画
	③としゅ	

| 品位 | ①ひんい | おごそかさ、品 |
| | ②ほんい | A. 鉱石中の金属の割合
B. 令制で親王、内親に与えられた位階。一品＝いちほん |

| 宮殿 | ①きゅうでん | |
| | ②くうでん | 厨子（ずし）　cf. 宮殿師（くうでんし） |

| 生成り | ①きなり | A. まぜ物のないこと
B. なれずしの十分に熟れていない半熟の状態 |
| | ②なまなり | 能面の一つ |

| 一文字 | ①いちもんじ | 1つの文字 |
| | ②ひともじ | 葱をいう 女房詞（にょうぼうことば）（ねぎ） |

| 連中 | ①れんちゅう | |
| | ②れんじゅう | 「音曲その他の演芸の一座の人々」の意のときは「れんじゅう」 |

人気	①にんき	
	②ひとけ	
	③じんき	その地方一帯の人々の気風 例）〜のよい土地

参考文献：『日本国語大辞典』（ジャパンナレッジ）、『大辞泉』（小学館）、『広漢和辞典』（大修館書店）　他

♣ 簡単に読めてしまう語ほど要注意！

　一見、簡単に読めてしまうので、音訳者も校正者も見落としやすいことば
や固有名詞を集めてみました。

　☞ 読みの解答・解説は、54 ページを参照。

徳本峠（長野県）　　　　　　宝生英雄（能）
富山村（愛知県）　　　　　　本田和子（児童心理学）
木下駅（成田線）　　　　　　佐藤義清（西行の本名）
青木駅（阪神電鉄）　　　　　松原治郎（教育社会学）
新城市（愛知県）　　　　　　辰野隆（仏文学）
白石区（札幌市）　　　　　　久世光彦（作家）
小豆島（宮城県）　　　　　　紺屋典子（エコノミスト）
小豆島（和歌山市）　　　　　車谷長吉（作家）
　　　　　　　　　　　　　　野村玲子（女優）
　　　　　　　　　　　　　　斎藤学（精神医学）
　　　　　　　　　　　　　　中林洋子（ファッションデザイナー）

花子（狂言）　　　　　　　　甲斐絹（海黄）
「二千石」（狂言）　　　　　乳の親
「横川法語」　　　　　　　　血塗れ
磨硝子　　　　　　　　　　　血塗ろ
仮字　　　　　　　　　　　　鳥屋
二世の契り　　　　　　　　　馬術
「身毒丸」（寺山修司・作）　秘色
人形浄瑠璃の首　　　　　　　比色
心悲しい　　　　　　　　　　直謝り
家貧しくして孝子出ず　　　　見巧者
濃紫　　　　　　　　　　　　物の怪
「弱法師」（能）　　　　　　物怪（勿怪）
雀踊り　　　　　　　　　　　転封
塗師

♣ 慣用句

☞ 読みの解答・解説は、56 ページを参照。

雨塊を破らず

雨車軸の如し

家給し人足る

一二に及ばず

一丁字を識らず

去に掛けの駄賃

不生の地獄

烏有に帰す

顔に紅葉を散らす

危急存亡の秋

酒人を呑む

雑魚の魚交り

死生命あり

四大空に帰す

日月地に墜ちず

篠を束ねる

十人寄れば十国の者

身首処を異にする

責一人に帰す

胆斗の如し

枚を銜む

一口物に頬を焼く

亡国の音

穂に出ず

丸くとも一角あれ

身を粉にして働く

命旦夕に迫る

本木にまさる末木なし

病革まる

幽明界を異にす

♣ 数詞が使われていることばの読み

　音訳をする際、数詞の「しち」と「く」は聞き取りにくいので、「しち」は「なな」、「く」は「きゅう」と読むことが多いです（もちろん明確に発音できれば「しち」「く」と発音しても可）。

　しかし、以下のようなことばの中で使われている数詞は、そのまま読んではじめて一つの意味を持ったことばとなるので、「しち」や「く」が使われていても、安易に読みかえをすべきではありません。

☞ 読みの解答・解説は、57 ページを参照。

【一】
一一一忌（山本有三の忌日）
一六銀行
一六日
一口両舌
一腹一生
上（御）一人
一日巡り［一日回り］
一節切
一夜巡り［一夜回り］

【二】
二千石（狂言）
同行二人
二上り新内
二世の契り
二八の臣

【三】
源三位
三下り
三八式歩兵銃
三一侍
三浦の乱（朝鮮史）
歩三兵（将棋）
三節の酒
三行半［三下り半］

【四】

郭四筋	四斗樽
口耳四寸	四百四病の外
四悪	四分一（朧銀）
四三	四法界
四時	四万六千日（縁日）
四職	重四（賭博）
四千両小判梅葉（歌舞伎）	従四位下
四三の星	藤氏の四家
四注造り	登四五（舟）
四手［垂手］	四幅
四天下	四方山

【五】

五十集

五四

五三

五・四運動（中国史）

五七の桐

五倍子の粉

【六】

六玉川

六号雑誌

六出花

六十四卦

【七】

七騎落

七事式（茶道）

七生報国（仏教）

七声

七堂伽藍

「七番日記」（一茶）

七仏薬師

七里飛脚

【八】

八百万の神

八尺鳥

八拍子（能楽）

八枚手［八開手］

【九】

寒九の水

九回の腸

九五の位

九服（中国史）

九一金

九会（仏教）

九界

九尺二間（狭い家）

九字を切る

九寸五分（短刀）

九山八海

九代目（市川團十郎）

九年酒

九年母

九品

九六銭

【十】

十九日（江戸の俗語）

十九文（屋）

十の島（＝あほう）

十文色

十六六指（遊戯）

十一（花札・利率）

十日夜

十三の砂山（民謡）

十千万

十千万堂（尾崎紅葉の俳号）

十編［十布・十符］の編み笠

　なお上記の例以外にも、たくさんの数詞をふくむことばや固有名詞があります。

　年号や年齢など単に「数（かず）」をあらわす数詞の場合以外は、必ず読みを調査することが必要です。

♣ 利用者に指摘された誤読例

	誤読	正解
一矢（報いる）	×ひとや	いっし
女婿	×おんなむこ	じょせい（要漢字説明）、むすめむこ
売国奴	×ばいこくやっこ	ばいこくど
特発性	×とっぱつせい	とくはつせい（とっぱつせい＝突発性）
世間体	×せけんたい	せけんてい
嗅覚	×しゅうかく	きゅうかく（しゅうかく＝臭覚）
定石	×ていせき	じょうせき
不興	×ふこう	ふきょう
煙管	×えんかん	キセル
愛弟子	×あいでし	まなでし
御乱行	×ごらんこう	ごらんぎょう（項目としては「らんこう」もあり。時代小説の場合はゴランギョウで）
素のまま	×そのまま	すのまま
婉曲	×わんきょく	えんきょく
絢爛豪華	×しゅんらんごうか	けんらんごうか
荘厳	×そうげん	そうごん　（仏教用語ではショウゴン）
最期	×さいき	さいご
思惑	×しわく	おもわく　（シワクは仏教用語）
増悪	×ぞうお	ぞうあく　（ゾウオは憎悪）
気圧され	×きあつされ	けおされ

以下は、誤読の指摘があったが、利用者の思い違いであった例

	音訳者読み	利用者の指摘した読み
怪鳥	けちょう	かいちょう ※音訳者の読みが正。大辞林には項目として「かいちょう」もあり。ただし「⇒けちょう」とある。漢字説明が必要
貼付	ちょうふ	てんぷ　　　※音訳者が正。「てんぷ」は慣用読み
重用	じゅうよう	ちょうよう　※「じゅうよう」も可

♣ 文章の中のことばの読みを考えてみましょう

☞ 読みの解答・解説は、61 ページを参照。

【A-1】

たとえばハインリッヒ・ラッカーの『転移と逆転移』(1968) は、主に 1950 年代に書かれた論文を含んでいるが、転移と逆転移の相互力動性について詳細に説明している。

【A-2】

散々に悪事を重ね色々な前科もあり、そのあげくに天人ともに許し難い凶悪な罪を犯したというような場合にのみ死刑を科すべきである。

【A-3】

法制局閲、「新憲法の解説」1946 年 11 月 3 日発行、同書には内閣総理大臣吉田茂、国務大臣金森徳次郎、内閣書記官長林譲治の序文がある。

【A-4】

十月には天皇が木戸内大臣にローマ法王庁との親善を要望。

【A-5】

人間の小さな感情のやりとりや小波などを越えた年月の悠久

【A-6】

本来戦闘用だった人数を、行政の役につかせたり、無役にしたりして…

【A-7】

今日ほど州民の最低生活強行が要望される秋はない。

【A-8】

「身の上を明らかに名乗れ」と、声に真実を響かせていったが、多加は首を垂れたままだった。

【A-9】

「友みなのいのちはすでにほろびたり　われの生くるは火中の蓮華」
火中の蓮華とは、あり得べからざること、という仏語である。

【A-10】

　彼はその九月、ヴァンクウヴァの日本人のカナダ新聞に寄稿し、幸徳秋水
の思想ではなく教育勅語が日本を滅ぼすであろうと暗示し、「民衆を無智従
順の納税器械たらしめて」いる力を批判し「サアベルの威張る日本、それか
ら監獄、と朝日子も痛罵している」とし、「社会における民衆の位置に自覚
する新人」を主張した。

【A-11】

　折り悪く、アラビアゴムの価格が低迷しているときでもあった。

【A-12】

　墓地の入口で生まれ育ち、掌をさすように何でもご存知の方である。

【A-13】

「市井の人」とか「野に遺賢あり」というよりよほどいい。

【A-14】

　花火とともに杯を重ね、飲むほどに、酔うほどに、ひときわ大きな歓声を
上げて、とても楽しい宵であった。

【A-15】

　中国の史書「魏志倭人伝」に記された「一支国（いきこく）」の中心集落
とされる長崎県・壱岐の国指定史跡の原（はる）の辻遺跡で、弥生時代中期
（紀元前二世紀）の建物の一部とみられる建築材が出土した、と同県教委が、
十四日発表した。

【A-16】

　近年、経済統制が行われ、各地で色々統制違反の事件が出てまいりました。
梶井さんから聞くと、余り厳重にそれを調べると、今の刑務所を二倍に増やさ
にゃならんほど沢山犯罪者があるということを聞いて、私は吃驚いたしました。

【A-17】
　不愉快そうな顔で女主人が出てきた。チームリーダーのアローラ（37）が説明しても「そんな細工は知らない」と声を荒らげる。たちまち路地に人だかりができた。

【A-18】
　目深にかぶった編み笠で顔はかくれているが、ひものかかった下あごだけはくっきりと目立つ。

【A-19】
　捜査の方法を根本的に改めなければならない時に、いささか生温い論議といった感がしました。

【A-20】
　したがって、芸者としての役者は、幾度その至芸を繰返して見物に見えても、決して見物を退屈させるわけはない筈だ。

【A-21】
　更に又、実践的に社会各方面に全力的に全知能を心ゆくまでに働かせて活動している政治家、実業家などのうちには、自分達は実際の活動、実際の仕事そのものに、実際の世相の動きに興味をひかれているので、似せのお芝居などは、とても白々しくて見るに堪えないという人がある。

【A-22】
　29日に同市中央区の市立中央市民センターで宮本研作の一人芝居『花いちもんめ』を演じる。

【A-23】
　三味線を学ぶ祇園甲部の舞妓たち。地方の後継者が育つようにと、教える側も真剣だ。

【A-24】
　なるほど美酒佳肴は有難いが、併し、それが動もすれば生命を力づけるどころか、反対に生命を害うことを気づかれるでしょう。

【A-25】

　これらの歴史と現実と規範との複雑な交錯関係は、一般社会の言葉の問題としては自らその帰着点を見出すであろう。

【A-26】

　なるほど、歌舞伎の絵画的な音楽的な美しさに、我々は我を忘れて陶酔させられます。又、新派劇の名優の花柳物などには、芸として、本当に感心させられます。

【A-27】

　さらにこれらの論者以外の日本の一般的な論調は、朝鮮にたいする無関心か、さもなくば、韓国「併合」を積極的に支持した日本組合基督教会のように侵略的なものであったと指摘した。

【A-28】

　従って市川団十郎とか尾上菊五郎とかいう家門を中心として自らそこに封建的な役者社会が形成され、上は親方或は座頭と称する君侯から下は下廻りと称する雑兵に至るまでの懸隔は雲泥のごときものがある。

【A-29】

　演劇史の上では、現在も遺存する神楽とか、田楽とか、延年、風流などという民族的の歌舞演劇は自分らの仲間の需要を満たすための自己生産に他ならなかった。

【A-30】

　近くは女形の口上おほく実の女の口上には得いはぬ事を打出していふ其実情があらわるる也。

【A-31】

　脅威を与えているのはスターリンとモロトフではなくてビルボーとランキン（ミシシッピ州選出の人種差別主義の上下両院議員）だ。

【A-32】

ドアのそばでいったん立ち止まり、わずかに片腕が持ちあがったが、その手はタラップの下へとみちびく鉄の手すりをつかみかけて、宙に浮いた格好になった。

当時のわたしには、あの人がふいに後足をふんだ理由など、いかんせん想像できたものではなかった。

【A-33】

じきにわたしたちはふたたび車に乗りこみ、プリマス通りへ車をバックで出した。走りだした車のフロントガラスに雨が細い条をつけ、その雨の向こうに、コテージの玄関にたたずむミス・チャニングの姿が見えた。

【A-34】

日の暮れ近くになって、ようやくわたしたちはチャタムに帰りついた。リードは先にマートル通りの家をまわってくれるといい、おんぼろセダンはさかんに揺れながら、うちの車道で停まった。

【A-35】

この午後、ミス・チャニングがこんな場面に行きあたったことが尾を引いて、すぐ翌日、あんな会話を洩れきくことになったのだろう。わたしはそう考えてきた。苦しみに引き裂かれたリード夫人、彼女の腕に抱かれた幼気なメアリ。

【A-36】

新井白石は、京師風を以て江戸を変えようとし、荻生徂徠は、西土の風を以て日本を化そうとした。

【A-37】

ヒロイン月影 瞳は対照的な二役を熱演するが、宮木に一刷毛女の優しさを付け加えたい。

【A-38】

その折に、集まった弟子たちは、いつもお釈迦様についておった阿難尊者を、阿難はまだ悟りを開いておらん、だから仲間にいれん、というて結集の仲間へ入れなかった。

【A-39】

　ミス・チャニングの証言がすむと、訴訟手続きは終了した。陪審は審議を始めた。それから二日間はチャタムの村を沈黙が支配した。もはや裁判所の正面玄関に人が群れることもなく、街角や町政庁舎の芝生に人集りができることもない。

【A-40】

　反対派は受入れなくても委員会として実施するつもりであるが、皆さん方父兄が反対ならば一時機を見なければならないと思う。

【A-41】

　その結果、被告人は家族の意思を体して、本件行為をおこないました。

【A-42】

　あべこべ鏡の中のように、価格メカニズムは実際にある稀少性から目をそらさせたり、実際にはない見せかけの稀少性をつくり出したりすることがあるが、このはたらきはまた確かなものでもないので、視覚のばあいのように受け取る側で単純に再度反転させればそれでよしというわけにはいかないのだろう。

【A-43】

　七月十五日、三度衛生費に関して臨時区会を開く。

【A-44】

　己をすて、己が十字架を負いて我に従え。

【A-45】

　事実こうして私はしばしば脅かされた没収の難を逃れた。

【A-46】

　明治日本の礎を築いた西郷、大久保、岩倉らの大政治家も口を一にして、ロシアの怒るべく、これに対する警戒の怠るべからざることを説いた。

【A-47】

　七月十日は観音様の縁日。この日、お参りすれば、何と四万六千日、お参りした功徳があるという。東京の浅草寺では前日の九日から鬼灯市が立つ。

【A-48】

　病が分かったのは昨年初夏。だが、執筆ペースは落とさず、旅を続け、作家仲間と語らい、気取らせなかった。

【A-49】

　部屋の暖房と毛布のぬくもりを吸って、白いネルのパジャマは暖かいのに、そのすぐ裏の肌は冷えていた。

【A-50】

　わたしの父には気にいりの箴言があった。ジョン・ミルトンの『失楽園』からこんな行を引き、チャタム校の生徒に聞かせるのを好んだものだ。

【A-51】

　作中時に、二、三ページにわたる「………」とて、それが"話者の沈黙"記号以外の何ものでもないことを示している以上、せっかくの律儀な分量もおそらく二、三秒で消費されるのである。

【A-52】

　暑くて湿気の多いこの環境では、蚊やごきぶり、ムカデが繁殖する。この地区の住民は、さらにゴミを食べあさる赤い顔をしたタカ目のヒメコンドルとの共存を学ばなければならなかった。

【A-53】

　梅干しには前述のコレラ除けの呪いと同趣のもので、舌を刺激する酸味に意味がある。

【A-54】

　何もアメリカや権力が地域研究ということを要望している、それに立ち向かうためではなくて、全く別の出発点からはじめたことだが、奇しくも、というよりも必然的にそうならざるをえない。

Ⓑ 文字説明

（1）同音異義語について

　文字説明が必要か否かは、あくまで耳で聞くだけでその文章の意味が理解できるかどうか、にかかっています。一文中に同音異義語があっても、意味がわかる場合はわざわざ説明を加えなくてもよいです。

　大事なことは、文意が伝わるかどうか、に気づくことです。

> 　また海上では機械の音、風のうねり、船端をたたく浪の音に罵声や怒声が乱れとんで、操業中の船上はまさに戦場の騒ぎである。
>
> （漢字説明不要）

　同文中に同音異義語がなくても理解しにくい場合は、説明がほしいところです。

> 　つまり、私が或る既知の原理に訴えたり、それを無条件に肯定するのかは、そのとき私が私自身の中心を通して前人格的（ゼンは前後のゼン）な思考と交流するからなのだ。

（2）医学用語や法律用語などの専門用語について

　同音異義語がある場合のみでよいと思われます。

（3）地名、人名について

　表記上の問題がある場合や、正確な読みの調べがつかなかったとき以外は必要ないと思われます。

> 　ここにある通り、朽田という字が正しいのさ。（クチダはクチルという字に田んぼのタ）最近になって余所者が多数流れ込んできて、小生意気な小役人が朽の字は体裁が悪いというんで勝手に久地田町と変えてしまっただ（クチダはヒサしいに土地のチに田んぼのタ）。

中山道を通って美濃へ行き、大屋田市_{（オオヤダノイチ）}（岐阜県美濃市）で名産の美濃紙を仕入れ、京都へ運んでいた。（漢字説明不要）

（4）「音訳者・注」と告げずに漢字説明を付け加える場合

　音訳者が付け加えたことがはっきりわかるように、読み方も含めて表現方法を工夫します。

【例】
　（原文）　その前は大王か王と呼ばれている。

〈文字説明の例〉
その前は大王（大きいに王様のオウ）か王（漢字一字、王様のオウ）と呼ばれている。

〈文字説明のダメな例〉
その前は（大きいに王様のオウで）大王か（王様のオウ、一字で）王と呼ばれている。

　漢字説明は、あくまでもそのことばを読んでから付加しましょう。

♣ 文章の中の文字説明について考えてみましょう

☞ 読みの解答・解説は、71 ページを参照。

【B-1】

　真性のものとは、生理的なもので、エネルギーの補給と働きの新生のための休息要求である。

【B-2】

　のちの新法党によって名誉が剥奪されたが、南宋に至って栄誉が回復され、北宋の名臣として礼遇され、司馬温公と敬称された。

【B-3】

　このような過去の歴史認識と歴史叙述の対話の関係を、筆者の認意の、ある個人の場合をとりあげて考えるのが本稿の主題である。

【B-4】

　さらにイラン海軍は、陸空に比べて比較的しっかりしていたとはいえ革命の混乱の影響を受けており、その艦船、乗員の精度は不明である。

【B-5】

　私には良心はない！　私の良心はアドルフ・ヒトラーだ。

【B-6】

　そのような人生を貫いた一連の諸決断によって初めて、ある了解にとって諸々の支点が与えられる。

【B-7】

　しかし天文 23 年（1554）春に陶晴賢と絶ち旗色を鮮明にした。

【B-8】

　職のあるこれらの人々は定収入、食糧特配と恩典もあり、多くの失職者にとっては羨望の的であった。

【B-9】

　これが合理主義や汎論理主義の名の下で通用しているものなのである。

【B-10】

　サルバサン606号は旧サルバサンと呼ばれ、初めは筋肉注射として使用され、その結果は優れているが、局所痛と副作用が問題となり、ネオサルバサンが出現した。

【B-11】

　ただ、いま見留るという言葉を使ったが、この見留るが、認めるの語源である。

【B-12】

　ラファエルはおそらくこのとき、サーカスで年末レビューを披露するという革新が、今後自分が演じることになる役回りに大きな影響をもたらすだろうことを理解した。

【B-13】

　『ル・プティ・ジュルナル』と『ル・フィガロ』も自分たちの『ギッド・ブルー（観光ガイド）』を刊行するにあたって彼に宣伝を頼んでいた。

【B-14】

　すべての視線が中央桟敷席のひとつに集まっており、そこに、灰色がかったヤギ髭を蓄えた禿頭（トクトウ）の年老いた男性が、たいそうエレガントな様子で現れた。

【B-15】

　つまり攻撃が逃走の気分によって抑圧されることの最も少ない場所にいるときは、最低値の刺激によって闘争が起こるということである。

【B-16】

　1980年代にアメリカは、国内の支出を賄うための増税を拒否し、その代わりに外国から借金をしたため純債務国になってしまった。

【B-17】

　そのバス旅行でイェイツがかつて住んでいたバリリ塔へ出かけたときだった。

【B-18】

　和平プロセスに反対するアラブ・グループによるテロ爆破は、1996年のイスラエル選挙に影響を与え、リクードの新政権は和平プロセスの速度を落とした。にもかかわらず、リクード政権は1998年にパレスチナとの間でワイ川合意を結んだ。

【B-19】

　研究者はその分布の中間の三分の一を平均的被選択（average-chosen）のクラスとよび、下の三分の一を、もちろんこれは少数の少女によってしか選択されなかった少女、あるいはまったく誰からも選択されなかった少女によって構成されていたが、低被選択（under-chosen）のクラスと呼んだ。

【B-20】

　もちろん、一つの重大な問題―天皇と天皇制の処置―が大きく浮んでいた。日本人にとってコクタイ―national polity―とは、不変かつ不可壊の、家族的関係における国民と天皇との結合を意味する。

【B-21】

　だが、それに反して、もしそうしたいわゆる像の征服が、他人や世界に対するわれわれの生活関係の一切を含む全体的過程の一面にすぎないと仮定すれば、〈その過程は一度実現されると言わば自律的に活動するものでありながら、しかも同時に、まことに偶然的なわれわれの対人関係に関与しつつ、いろんな形で退化したり逆行したりすることもありうるものだ〉ということが、やすやすと理解できるようになりましょう。

【B-22】

　ことに同じアジアに属し、半植民地・半封建社会から脱却し、社会主義建設を「成功」裡に推進しつつあった中国の姿は、これら諸国にとり大きな魅力となっていた。

【B-23】

　その夜、研究室にやってきたＫ大生を、これ幸いとばかりに、ある雑誌の原稿にそえる写真図版の作成作業にこき使った後、私たちはいつもの喫茶店に座りこんで終電近くまで話しこんでいたのである。

【B-24】

　それに、彼らと、彼らに隣接するキリスト教的＝国民主義的でもあった全ドイツ主義の諸集団との間に、結合、融合、分裂そして敵対といった混乱したからまりあい―それはナチズムの前史の全体について特徴的なことである―があったこともまた、このドイツ人労働者党の勢力を強化する要因などにはならなかった。

【B-25】

　10月中旬、幣原 男の内閣が東久邇内閣に代わった時、マックアーサー元帥は、新首相に、日本が遂行せねばならぬ改革は「当然、憲法改正を含む」ことをつよく忠告した。

【B-26】

　「大都市老人の健康と生活―Ｋ市 70 才老人の追跡調査から」

【B-27】

　カパ性 PMS には、抗カパ食として、重性、油性のものは避けます。スパイスや消化しやすい野菜がよいでしょう。ハーブとしては、アロエ、ターメリック、シナモン、黒コショウ、長コショウ、ショーガ、クローブなどをとってみてください。

【B-28】

　毎年三度やる書棚の組みかえを一度にやるのは大仕事だったけれど、それだけにこの一年とそれに続く自分の本の読み方があきらかに見えてくる。大学を去るまぎわにやった「宗教と想像力」のシンポでは、当然ながらオウム真理教に関心が集中した。

【B-29】

　50 年代末には、このころまでにすでに、ソ連産石油と石油製品の常客となっていたイタリア、フィンランド、西ドイツ、フランス、スウェーデンの買付量は大幅に増加した。

【B-30】

　むしろ存在するのは、構造的変化と求職期間によって可動的な特定の自然失業率である。

【B-31】

　そして≪中進的な≫イタリアにおいては、工業国家への移行にともなう危機が特別の爆発力を発揮し、議会制民主主義はそれに耐ええないことを露呈した。当時手ひどい打撃を受けたばかりのナチスを含めて、新議会は、その最初の本会議（1932 年 12 月 4 日）で政府への不信任案の上程を断念していた。

【B-32】

　あなたは私のまえに、義務と職務とを負わされている人のすがたを突きつける。が、私の念頭にあるのは、まさにそのような人、工場で、商店で、ビューローではたらいている人、坑内作業に従事している人、植字室にこもっている人、つまり人間なのだ。

【B-33】

　われわれの最大のそして最も緊要なる研究対象はいうまでもなく資本主義そのものであり、その運動法則・歴史的使命を分析し、社会主義への移行に照明を与えることである。

【B-34】

　入学シーズンも間近に迫り、受験生をお持ちのご家庭では、入学金や授業料などの準備をされるころではないでしょうか。そこで、入学金などにあてる資金の主な貸付制度をご紹介します。
　▲市教育委員会の入学金……30 万円まで
　▲私立学校設置者による入学支度金……20 万円まで
　▲東京都母子福祉資金……就学支度金 38 万円
　（大学）まで・修学資金……月額 5 万 7 千円まで

【B-35】

　全体として見ると、1924年5月の選挙は、民主主義諸政党の後退の継続を示していた。

【B-36】

　加藤氏はやはり討論の場で、記紀の記述は戦後の歴史学会では厳しい史料批判を受けたすえ、現在では否定されていると述べ、歴史教育の現場でもその立場が支持されていることを紹介した。

【B-37】

　まさに、隔離という国策のなかで、ハンセン病患者の子供まで排斥するという差別観・恐怖感が形成されてきたのである。

【B-38】

　『多磨』誌にハンセン病の歴史について執筆してくれないかという御依頼を受けたのは、1991（平成三）年の夏だったと記憶している。

【B-39】

　提出歌の「いさなとり」というのも捕鯨のことである。いさな（勇魚）とは鯨の古語。ここであえて古語を使うというのも、自分が日本の文化史につながる存在であるという意識が生じて来たからだろう。

【B-40】

　人生は、発達、成熟、老化でもあるが、フーガでもある。精神科医としての私の日々の営みは、むしろ、人生のフーガ的側面に目を向けたものであったかもしれない。

【B-41】

　「荒々しい好意」という祖母の短い随筆には、自分が肺炎で入院したときのことが書かれており、文中に「努力加餐」の文字はないが、内容のきびしさに通じている。

【B-42】

　畢生の対策『ファウスト』とはいわない。もし2人の天才が共同制作したら、どんなことになったろうか。想像はふくらむ。

　もっとありえたかもしれないことで悔やまれる「if」がある。

【B-43】

　ニクソン政権はこれに対して「漸進主義」と称する失業創出政策をとったが、その効果があらわれないのでついに1971年の「新経済政策」にふみきったのである。

【B-44】

　しかし、通貨の減価に比べれば、この数字でもなお不十分であり、勇敢に借金をする者はなお利益を得たのである。

【B-45】

　ミトコンドリアは、血液によって運ばれてくる酸素と栄養分（糖や脂肪）を使ってATP（アデノシン三リン酸）という物質を生成しています。

　ATPは、どんなものとも交換可能なお金になぞらえて、「生体のエネルギー通貨」とも呼ばれます。

Ⓒ 処理

　「原本同一性」を保持しつつ、「聴いて理解できる」音訳を目指すことは、結果的に「正しい読み」につながります。
　記号一つの処理についても、「筆者の意図」と「利用者の聴きやすさ」の2点から考えて処理しましょう。

(1)「てふてふ」は「てふてふ」と読むのか？
　ほとんどの場合は、「音声版凡例」か「音訳者注」で処理が可能。ただし、原本中で表記自体が取り上げられているときは、「てふてふ」と読む必要があります。

【例】
　春告鳥（はるつげどり）がウグイスなら、春告虫は何だろう。思いめぐらせばモンシロチョウが頭に浮かぶ。菜の花畑をはずむように飛ぶ姿は、旧仮名で表す「てふてふ」の語感がよく似合う。

(2) アイヌ語や沖縄方言の場合は？
　アイヌ語や沖縄方言も共通語にない表記が使用されていますが、旧仮名遣いと同様に
　　①表記自体が問題になっている場合は、「カント　オロ（ロは小文字）ワ　ヤク　サㇰ（クは小文字）」と文字説明が必要になります。
　　②会話文等で、原本に頻出する場合は、「音声版凡例」か「音訳者・注」で表記について説明し、発音については可能なことばだけにする旨、断りを入れましょう。

♣ 文章の中の処理について考えてみましょう

☞ 読みの解答・解説は、83 ページを参照。

【C-1】

　"UNOR　1948" と大きく書かれたものが多い。そして、下の方に小さく 23　UNOR　1989 と書いたものがある。娘がすぐに辞書を持ち出し、今日の日付とわかった。UNOR は二月だという。ポーランドでもハンガリーでもチェコでも、ドル・ショップか一流高級ホテルにでも行かない限り、目にする文字はほとんど、その国の言語だけである。

【C-2】

　リンカーンは「どこの馬の骨かわからぬ者が突然高名の地位に昇」り、「高位に登りながら、極端に質朴な面をかくも完全にもっていたものは誰もいなかった」（注）ことで米国人から今も尊敬されている。

（注）リンカーンについてのかぎかっこ内は、R．ホーフスタッター著『アメリカの政治的伝統』（田口富久治・泉昌一訳、岩波現代叢書、1959 年）から。

【C-3】

　横浜事件の再審開始決定
　戦時下最大の言論弾圧事件とされる「横浜事件」で、横浜地裁が、終戦直後に治安維持法違反で有罪となった元被告らの再審開始を決定。「ポツダム宣言受諾で同法は失効していた」（15 日）

【C-4】

　15 歳未満の者からの臓器提供ができないことについてどう思うか。
「できないのはやむを得ない」…19.6%（「臓器移植ができないのはやむを得ない」11.5% 、「どちらかといえば臓器移植ができないのはやむを得ない」8.1%）

【C-5】

　今年94歳になる老人が、30ページほどしかない小さな本を書いた。フランスで生まれたその本は200万部を超える大ベストセラーになり、世界各地で翻訳された。著者はステファン・エセル、戦争中はナチスへの抵抗運動（レジスタンス）に所属し、戦後は、外交官として国連で活躍。そんなエセルが送り出した本のタイトルは『慣れ！』だ（①）

　①英語版 Stéphane Hessel『Time for Outrage!』から

【C-6】

　事件から14年、あるいは22年を経て、憲法にも基本的人権の尊重が明記される時代になって、先に紹介した内田守『光田健輔』もこうした認識を継承している。

【C-7】

　初日、親しい女優カトリーヌ・ドヌーブが訪れ、男物仕立てのパンツスーツを買っていった。このスタイルが広まり、「二流の市民として男たちに従う意志などないことを示す、新しい世代の女性たちのユニフォームとなった」（アリス・ローソン『イヴ・サンローラン』）

【C-8】

　主な関係事業の対象者1人あたりの費用の状況―全体の約48% を占めている福祉・保健・医療、子育て・教育

【C-9】

　日本学術会議（金沢一郎会長）は25日、科学技術基本法を改正して「科学技術」を「科学・技術」と表記するように求める勧告を菅直人首相にした。

【C-10】

　ドストエフスキーの語り手は、第六章「体験ブルジュア論」（ママ）のなかで、パリのブルジョワがなにを怖れているかについて考察し、それは社会主義者であると述べている。

【C-11】

　そういうわけで私は「ゆかりある人びとは……」を全体の通しの題名に選んだのだが、この題名のおしまいにある「……」そこには、「食う、笑う、泣く、考える、思う、しゃべる、論じる、書く、苦しむ、悩む、悲しむ、よろこぶ、ケンカする、殴る、殴られる、恋をする、せぬ……」といろいろ入るにちがいない。

【C-12】

　スーチーさんは初めて国政に参加する。一歩前進で、民主化への弾みもつこう。とはいえ、強制と恐怖で支配してきた軍政による憲法は残る。
　「投票用紙は弾丸より強し」という民主主義の理念を真に実現していくには、いらざる遺物だろう。

【C-13】

◎特定健診・特定保健指導スタート
　生活習慣病の予防対策として、40〜74歳の医療保険加入者を対象に実施
◎B型・C型肝炎の医療費助成
　インターフェロン治療費を助成し、自己負担上限額が月1万〜5万円に

【C-14】

　降圧薬……ACE阻害薬のリシノプリル（ゼストリル、ロンゲス）、エナラプリル（レニベース）など。

【C-15】

　ほんの数行おいて、ふたたび次のように書く。「彼はもう一度、さらに一度、もっぱら峰打ちで、脳天だけを狙って、力まかせに斧を振りおろした。」（傍点引用者）

【C-16】

　サマセット・モーム（1874〜1965）イギリスの小説家、劇作家。ロンドンの医学校に在学中から小説を発表し、傑作「人間の絆」（1915）で不動の地位をきずく。

【C-17】

　龍門寺は何度か再建された。一部の推定によれば最初の建立が913年で、1392年に増築されたという。1592年に焼け落ち、1907年には日本軍により古い建造部分の多くが燃やされた。朝鮮戦争時にもひどい損傷を受けた。現在の寺は1980年代に再建されたもの。

【C-18】

　孔子がイチョウの木の下で過ごしたという話は、アンズの木の下でと語られることが多い。おそらく『銀杏』という中国語に発する誤解であろう。

【C-19】

　ところで、最近「無巧不成書」という中国語の言い回しを習った。偶然の出来事に驚いたとき、間投詞的に使うと聞いた。ある英語の小説でこの言葉が "a book without coincidences isn't a book." と直訳されているのを見かけたが、偶然のひとつもなければ面白い話にならないといった意味か。

【C-20】

　それに対してドイツは、1918年の克服されざる敗北の政治的＝心理的諸問題と、とりわけ、（ここではすでに高度の発展を示していた）工業的大衆社会の内部における構造的危機に直面したのであった。

【C-21】

　治療……生活処方（食事指導）とアーマ・パーチャナ（減食、油物を避ける）パンチャカルマ（シローダーラー、アビヤンガ、スウェーダナ、ショーダナ・バスティー）を処方。

【C-22】

　しかしもちろん、プロイセンの軍事的＝政治的で国家的な秩序の伝統がなければ、第二帝政やヴァイマル共和制のもとでの広汎な民衆の思考と生活の軍事化は考えられなかったであろうし、まして全体主義国家の建設やその闘争力などはとくに考えられなかったことであろう。

【C-23】

　恥ずかしながら、浜井さんが繰り返し語る「コウセイ」を、脳内で「更正」と変換してしまっていた。罪を犯した人は更正＝改め正して終わりではない。更生＝立ち直ること。生き返ること。罪を犯した人が更生できる社会はおそらく、あなたも私も息がしやすい。

【C-24】

　合理的で社会の同意をえた（民主主義的！）決定を願う期待が官僚制をこの方向に駆り立てる。

【C-25】

　また、その目標を、生活、学習・仕事、余暇の３つの領域（場面）で分けて整理してみることが必要だと思います。

【C-26】

　そんな挑戦者たちを生き生きと描いているのが『フェルマーの最終定理』。定理は前世紀末、アンドリュー・ワイルズによって証明されたが、頂上へ至る難所越えの有力な道標となったのが、谷山豊と志村五郎の「谷山＝志村予想」だった。

【C-27】

　ムーディーズは日本国債の格付けを昨年８月に１段階引き下げていて、いまの格付けは21段階の上から４番目の「Aa3（ダブルエー・スリー）」にしている。

【C-28】

　壁画から推測する古代エジプトのパンや古代ローマ人の豚もも肉の塩漬け方を紹介した『食の歴史　100　レシピをめぐる人々の物語』が刊行された。著者は食物批評家 W．シットウェル。現代英国より「洗練されていた」（？）メソポタミアの夕食など想像するだけで楽しい。

【C-29】

　今の状況が急に変わることはないだろう。彼の仕事も苦労が続くはずだ。そんな中でも明るく話す彼に、精いっぱいの気持ちを込めて伝えた。祝工作順利（仕事がうまくいきますように）！

【C-30】

人口6600人の町をモデルとした試算によれば、化石燃料から地元の森林エネルギーに完全に切り替えれば、雇用は8.5人／年からなんと61人／年に増加する。

【C-31】

もう一つはルシドリール（塩酸メクロフェノキセート）である。作用の項には（1）成人の脳血管障碍において、局所脳血流の変化を133Xeクリアランス法で検討した結果、脳血流量の増加が認められている。

【C-32】

これに対してユングは、「生きた形態は、塑像として見えるためには深い影を必要とする。影がなくては、それは平板な幻影にすぎない」(6) と述べている。

注 (6)　Jung,C.G., Two essays on Analytical Psychology, Collected Works of C.G.Jung, Vol.7,Pantheon Books,1953

【C-33】

Peterkin,A.,　"Self-help movement experiencing rapid growth in Canada," *Can Med Assoc J,* 148(3),p817,1993.

誤植の処理

☞ 読みの解答・解説は、94ページを参照。

【C-34】

要は脳血管障害の種類とその病態によって適応を判断すべきであるから、いささかその点に触れて、この頃を終えることとしよう。

【C-35】

雷鳴はとどろき、延喜六年（九〇六）には大納言藤原定固の死、同七年の藤原時平の死……

Ⓓ 文意を正しく伝える

　文意を正しく伝えるためには、まず音訳者が著者の意図を正しく理解することが必須条件です。その上で文意を正しく伝えるための「音声表現技術」が必要になります。

　とくに句読点や記号を正しく伝えられているか、つねに注意しながら読みましょう。

　句点は、文章が体言止めで終わっている場合、文章がつぎの文章の頭に続いているように聴こえていないか、読点と中点（中黒）との違いがわかるように読んでいるか、読点に従って読むことで逆に文意が取りにくくなっていないか等々に留意してください。

　カッコ類については、一冊を通して「全て読む」「全て読まない」と決める必要はありません。その文脈の中で読む必要があるか否かを判断してください。

　「マ」をとる位置とその変化、声の高低の変化とその使い方、大事なことばはゆっくり読むなどのテンポの変化とその使い方等々、文章を正しく伝えるために、それらの技術を駆使してください。

　音訳者はひと度、声に出して読み始めたら、一瞬たりとも気を抜かないで読み続けることが大事です。

♣ つぎの文章の文意を正しく伝えることについて 考えてみましょう

☞ 読みの解答・解説は、95 ページを参照。

【D-1】

　最近、ソ連当局に迫害され、ロストロポービチ夫妻から保護を受けたノーベル賞作家ソルジェニーツィンさん（88）の未公開メモが公表され、魂の交流をうかがわせるエピソードも明らかに。

【D-2】

　シンガポール人は割安でもある。マイケル・ペイジ・インターナショナル（シンガポール）のフローレンス・ヌ氏によると、シンガポールで彼らが受け取る賃金は、同じ立場の香港人より 20 ～ 30％低い。

【D-3】

　「おやじはみんなもわかっている通り、不器用やから」と興毅。17 日の記者会見での中途半端な頭の下げ方が、対戦相手を虚仮にし、「謝ったらおしまいや」と大見得を切ってきた史郎氏にとっては精いっぱいだったのだろう。

【D-4】

　1944 年 12 月、連合軍がノルマンディーに上陸した 1944 年 6 月 6 日、いわゆる D デイから 6 か月が過ぎた。

【D-5】

　こうして、1989 年の夏には東欧の人々により大きな自由が与えられるようになっていた。ハンガリーは、東ドイツ人が自国を経由してオーストリアに脱出することを許可した。

【D-6】

　「公」という言葉に、あるいは小林よしのり氏の『戦争論』を思い浮かべる人がいるかもしれません。

【D-7】

　これは、領主の圧政と暴虐に苦しんだアルタベルニ家の100年にわたる歴史である。

【D-8】

　生徒は6年制の小学校を修了していることが求められたが、十分な学識経験を有する年長者は例外として、校長が承認すれば特別生として入学が認められることになった。

【D-9】

　生徒は全員、保護者に電話で連絡した。引率の小林正弘教諭（61）は「生徒は動揺せずに行動してくれているが、帰国まで気は許せない。」「身の危険を感じるほどだった」。ロンドン南方のガトウィック空港で、オランダ行の便を急きょ、あきらめたという男性がBBCの取材に話した。

【D-10】

　十字架刑が執行された金曜日の午後三時までには、早くも安息日が始まっていた。そのときにはもはや1000キュービット以上の旅をすることは許されなかった。

【D-11】

　船の免許を持つ。夫と2人暮らし。長男は新聞社、次男は電力会社に勤める。

【D-12】

　最近、庭木としてよく使われるようになったオカメやアーコレイドといった品種は英国生まれだ。大木にならない、同じ系統の日本の品種より花色があでやかである、といった共通した性質をもっている。

【D-13】

　やっぱり猪ですよ。一匹。足を引きずっている。

【D-14】

　訳書に、エウリーピデース『ヒッポリュトス』などがある。

【D-15】

　1975年にポルトガルが植民地であったアンゴラとモザンビークを放棄すると、ソ連はキューバ兵を送り込んで、共産主義志向の政権の維持を援助した。

【D-16】

　生活安全部特命係は2人だけ。“陸の孤島”といわれる“窓際”だ。そんな組織から煙たがれる2人が難事件を解決するところに見る側は自分を重ね、溜飲をさげる。

【D-17】

　こうして、アメリカ的、エイジズムという横文字がぴったりとする老人差別が定着した。

【D-18】

　したがって、バリアフリーは、人を人から隔離すること（それが“死”を意味するのは、明らかだ）なく、人と人の間の精神的、物理的障壁を取り除き、人と人のつながりを実現する、つまり人間を復権する実践課題ということになる。

【D-19】

　子供たちの悲鳴を集めることを仕事にする“モンスターズ株式会社”。エリート社員が、人間立ち入り禁止の社内で少女を発見。社員は仕事のパートナーと、少女を人間界に戻そうとする。

【D-20】

　妻のうらは戦後、執筆に追われる夫の内助に回り、出版社や映画会社との交渉窓口のような存在になった。マージャン好きで、万事に控えめな夫と対照的に歯にきぬ着せず物を言った。

　「悪妻」という陰口もあったが、その飾らず開けっぴろげな性格は、多くの関係者に愛された。

【D-21】

　財政について「国庫補助金を通じて国の基準をつくること、また地方警察が最低限度の基準に見合わなくなったときに国が代替することを用意することで防止することができる。」とのべているが、日本の中央政府はこの地方の窮状を意識的に放置してきたといえる。

【D-22】

　教授が指導する学生の卒論を見せてもらった。「米国映画におけるマイノリティ」「二ヵ国語教育」「カリブ海文学」。「日本と米国」とか「米国の中の日本」という視点をすでに離れ、米国そのものに飛び込んでいる。

【D-23】

　国井が最近報告したところによると、本邦の30家系の240人の同胞中、患者は117人で健病が1：1となり、単純優性遺伝の法則とよく一致する。

【D-24】

　G. オーウェルの『1984年』のテレスクリーンのように、管理する者によって悪用される可能性はないのか。

【D-25】

　一方、大庭みな子『津田梅子』、久野明子『鹿鳴館の貴婦人大山捨松』といった、明治初期に欧米文化を受けとめ、異文化間コミュニケーションに寄与した女性の伝記も注目されている。

【D-26】

　かれは、三階まであるストアの中を必死になって探した。けれども、母親の姿は見付けられなかった。母親は自分を置いて帰ってしまったのかもしれない、とかんがえたかれは、一人で、来た道を逆にたどることにした。

【D-27】

　専攻は縄文中期。発掘現場と酒と野球をこよなく愛す。そんな髭面の考古学者が、「患者を強制隔離した国の責任をあいまいにした」と批判を受け、4月に運営法人が交代した資料館の再出発を託された。

【D-28】

　人類は一つの家族だという言い方の中には動物としての同一性の認識が
あって、文化の型が違っても、その物質的基盤、つまりアニマル・マンとし
ては同じではないか、そしてその上に生殖し、食物をとり、子供を育て、少
なくとも自分の生活の型を再生産し（教育）、死体を処理する等々の基本的
な共通のパターンがあるという認識がある。

【D-29】

　現在の第10改正薬局法（1981）ではバルビタール、フェノバルビタール
のほかアモバルビタール（アミタール、イソミタール）、チオペンタール（ペ
ントタール、ラボナール）などが残されているにすぎない。

【D-30】

　この調査は、1945年11月に、民政局の政府の組織構造に関する研究と歩
調を合わせて実施された。

【D-31】

　ところが、高血圧のある50才の男の人は22年間に1,000人中630人が心
筋梗塞で死にます。

【D-32】

　その時、美那ちゃんと、山原先生が捨てられたようで可哀そうだと内緒話
をしたように思う。

【D-33】

　05年の耐震強度偽装事件で取り壊された東京都稲城市のマンション。住
民平均1700万円の追加負担で新住居が完成した。建て替え組合の理事長、
赤司俊一さん（41）は「みんなで勉強して建てたマイホーム。単なる購入者
同士の付き合いではない、住民の輪が育った」。「それまで火災現場に近づく
市民は『消火の妨げ』だと思っていた。阪神大震災で助け合いの大切さが身
にしみた」。神戸市消防音楽隊の山本将吾さん（41）は、小中学校などを「い
のちのコンサート」で回る。

【D-34】
　ペルシャ湾ないしはアラビア湾沿岸の港まで鉄道を建設すれば、ロシアのペルシャとその周辺諸国への影響力はさらに強くなっただろう。

【D-35】
　さらに西側に近い国々があり、それらは近い将来ソ連寄りになるとは見られていない。

【D-36】
　国家の経済への介入、国家による経済活動の人為的管理の体制が世界的規模で定着するのは第二次世界戦争後であった。

【D-37】
　この企業の独占的支配力、国家の財政支出、管理通貨制度の三本の柱によって支えられている、すぐれて現代的現象の重要性は、いくら強調してもしすぎることはない。

【D-38】
　何か苦しい経験をすると、後でそのときにかかわりをもった対象に魅力を感ずるようになるという、報酬とか強化によっては説明の困難な現象があることが知られている。

【D-39】
　南イエメンがバブ・エル・マンデブ海峡を封鎖してイスラエル船を通さなかった事実から、アラブ諸国は同国を対イスラエル紛争により積極的に組み込もうとした。

【D-40】
　「清太郎の五人の女房のうちでは、何といってもさだが一だった。何でもきりきりしてるし、因業でねえ。一家うちへの料簡も立派なもんだ。ひとつ難くせつけりゃあ、ちょいとばかし可愛げがないとこだ。つんと澄ましてばかりじゃとりなしようもねえ。」

【D-41】

　そもそも、福祉事務所では「一般的な相談」はあり得ない。相談事項は特定され、福祉六法（生活保護法と身体障害者、精神薄弱者、児童、老人、母子の各福祉法）に適合するか否かの相談であり、藤子さんの場合も生活保護法の適用になるかどうかを判断すればいいので、そのためにはまず、生活保護の申請を受け付けるべきである。

【D-42】

　重鎮白石加代子は豊かな口跡によって、パックを演じる複数の俳優の中の一人、林永彪は京劇風アクロバシーによって、舞台に生気をあたえる。音楽は宇崎竜童。

【D-43】

　ユング派の心理学者の林道義東京女子大教授は、人格の悪の要素として、支配欲と、自己抑制力が欠けていることを挙げ、前者は母性の過剰か不足、後者は父性の喪失によって、それぞれ、子供のころから、強められていくという。

【D-44】

　ツチ族主導の政権が生まれ、内戦がおさまった今も、人々の傷はいえない。妊娠を告げたとたん、泣き崩れる女性が、日を追って増えた。自分の家族を殺した男の子を、宿さねばならなかった女性たちだ。

【D-45】

　次に注意しなければならぬのは個々の家族にある形質が集積するということから、その遺伝性を軽率に速断することである

【D-46】

　阿部康子さん（声楽家。音楽評論家阿部正雄さんの妻）

【D-47】

　第2節　京と鎌倉

　1. 京都／鎌倉

【D-48】

　プラトン『ソクラテスの弁明　クリトン』久保勉訳、岩波文庫。

【D-49】

　ビービらの 1950 〜 74 年、広島・長崎の固定人口集団における死亡診断書調査によると、尿路系癌による死亡率と被ばく線量との間に関連があることが示唆されている。1950 〜 74 年間を 4 年ごとに区分してみると 1967 〜 70 年の間のみ有意の増加を高線量群にみとめている。

【D-50】

　さらに彼らは、経済社会理事会に対して、すべての締約国が批准後は法的に拘束される、実際の集団殺害防止条約の草案を慎重に作成して次の段階の行動に移るよう要請した。

【D-51】

　コード化とプログラム化の差異に見られるこの特質は、外部からの干渉（ここでは政治の経済への干渉）にさいして利用される。

【D-52】

　彼は、いろいろの病気のふたごを観察して、双生児病理学の道をひらいただけでなく、類似診断法によるふたごの卵性の診断をはじめた。

【D-53】

　ただ、竹やり訓練には出ていました。「これで戦争に勝てるか」って言いながら。近所づきあいを気にするお袋に、「頼むから顔だけは出して」と懇願されたからです。

【D-54】

　1 級普通免許状を得るには最低学士号が必要であり、2 級普通免許状のためには大学における 2 年間の教育が必要であった。

【D-55】
　ストックホルム中央教会の説教者となったが、教会領の独立に反対する国王と疎隔を来し、国王暗殺計画の懺悔を聞きながらこれを国王にうち明けなかった廉で死刑を宣せられたが（1540 年）、教会の嘆願で赦されて復職し、活動をつづけた。

【D-56】
　錦織は 35 歳のベテラン、ベッカーに 2 連勝中だ。

【D-57】
　こうした市民活動の盛り上がりを受けて、98 年 3 月、NPO 法が成立。日本船舶振興会は震災後の 96 年から、「日本財団」の通称で NPO の支援により力を入れるようになった。

【D-58】
　SMAP、元マネージャーと「キムタク抜き」で中国進出！？

【D-59】
　日米韓の同業数社の役員がハワイに集まり、ホテルの一室で不正なカルテルを結ぶ。飼料添加物の価格操作が狙い。

【D-60】
　そして、昭和 16 年には、神奈川県二宮に隠棲し、戦後、26 年（1951）に他界している。

【D-61】
　保守連合を率いるアボット首相は昨年 9 月、6 年ぶりに労働党から政権を奪回。就任直後に日本を「アジアの親友」と呼び、「親中派」とされたラッド前首相と対照的な姿勢を見せた。

【D-62】
　筆を使って洋紅を二か所ぽんぽんと乗せることでピンクの唇を、真っ黒な線を二本入れることで一部白くなった金色の眉毛を際立たせた。

【D-63】

　いくつかの証言を信じるなら、デュオを決定的に有名にしたナンバーは『ショコラ、それは僕』だ。

【D-64】

　著者のこの評論からすれば、維新の大業（たいぎょう）の大曲（たいきょく）を定めたのは、西郷、これを具体的な現実におろしていった功労者が、木戸・大久保。大村・伊藤・山縣らは、これを個々の現実に制度化していった技術官僚。

【D-65】

　70を過ぎて、『赤毛のアン』の訳者となった村岡花子に仕事の紹介を頼む文を送っている。

【D-66】

　商店街を歩きながら、ばあちゃんが好きだったラーメン屋もなくなっていると気がつく。あそこでコーラを飲ませてもらって、嬉しかったんだ。太ったおじさん、そっくりの娘さん。やせて気の強いおばさんが亡くなって、閉めたときいた。

アクセントについて

　☞ 読みの解答・解説は、113ページを参照。

【D-67】

　杉田玄白の『蘭学事始』は筆写本だった。幕末、その一本を神田孝平が湯島の露店でみつけたときはほとんど世から忘れられていたが、福澤諭吉がこの内容に感動し、明治二年（1869）という維新の騒然たる時期に、自費で刊行した。

【D-68】

　文章もリズミカルで、「同年同月同日に生まれなかったことは是非もないとしても、ひたすら同年同月同日に死なんことを願う」という名セリフなど、いかにも講釈師が朗々と語った調子を感じさせ、いささか神話的な三人の集結のシーンを、作り物めいた「お話」と感じることなく受け入れさせる勢いがあります。

【D-69】

　ただ、時々の選挙で吹く風は時に気まぐれに見え、有権者の底意に後から気付くことがある。

【D-70】

　しばらく行くと、坂の右手の斜面にプールがふたつ、段々にならんでいる。

【D-71】

　但し右は「病院坂首縊りの家」に於ける奇怪な結婚式一件に関する調査費の内金。

音訳における音声表現技術について

　「音訳」が提唱されて以来、長年にわたって「平板に読むこと」が求められてきました。けれども時間の経過とともに「平板」が強調され過ぎ、文意が正しく伝わらないケースが増えてきたように思います。

　私自身は、都立中央図書館で専門書の音訳をはじめると同時に、音声表現技術を学ぶ必要があると感じ、朗読の勉強をはじめました。専門書に頻出するさまざまな記号を「読み」で表現するためでした。

　一般的に音声表現技術というと、つぎの5つの要素があります。

　　　①音声の質の変化（音色、明暗、硬軟など）
　　　②音声の強さの変化とその度合い（強弱）
　　　③音声の高さの変化とその度合い（イントネーション、高低）
　　　④速度の変化とその度合い
　　　⑤間の取り方とその位置（ポーズ）

「朗読」の場合は、この5つの要素を駆使して表現しますが、「音訳」の場合は、③④⑤の表現を学ぶだけでも十分です。

　①については、作為を感じさせない、自然な読みで表現できる方の場合は例外として、初歩の方がセリフに色をつけたり誇張したりして読むことは控えましょう。

　②については、音量が急に上がったり下がったりすることは、利用者には一番聴きにくい例だと理解していただけると思います。

　③のイントネーション（抑揚）については、「『平板に読む』と矛盾するのでは？」と思われる方がおられるかもしれません。けれども的確なイントネーションを使うことは、文意を正しく伝えるための必須条件なのです。私たちは日常生活の中で、イントネーションを使って自分の意思を相手に伝えています。音訳においてもイントネーションを、自然に、的確に使えるように練習しましょう。

　そして、声の高低は、記号や表の読みに役立ちます。たとえば、カッコを読まずにカッコ内のことばのみを伝える場合、丸カッコ内は少し低い声で、カギカッコ内は高めの声で読むと、違う種類のカッコ内の情報であることが伝わります。

　④と⑤についても規則に縛られるのではなく、内容によって速度を変えたり、間に変化をつけて読みましょう。新しいことばや、専門用語等は少し速度を落とすだけで聴き取りやすくなります。また、③と同様に、記号や図表を読む場合も間のとり方はとても大事です。

　このように、③④⑤の音声表現技術を自在に使いこなせることが、「原本同一性を保持しつつ、聴くだけで内容を正しく理解できるように読む」ために、音訳者に求められる重要課題であることがおわかりいただけたのではないでしょうか。

解答・解説

●解答・解説　　p12 簡単に読めてしまう語ほど要注意！

地名	読み
徳本峠（長野県）	とくごうとうげ
富山村（愛知県）	とみやまむら
木下駅（成田線）	きおろしえき
青木駅（阪神電鉄）	おおぎえき
新城市（愛知県）	しんしろし
白石区（札幌市）	しろいしく
小豆島（宮城県）	あずきしま
小豆島（和歌山市）	あずしま

人名	読み
宝生英雄（能）	ほうしょうふさお
本田和子（児童心理学）	ほんだますこ
佐藤義清（西行の本名）	さとうのりきよ
松原治郎（教育社会学）	まつばらはるお
辰野隆（仏文学）	たつのゆたか
久世光彦（作家）	くぜてるひこ
紺屋典子（エコノミスト）	こんやふみこ
車谷長吉（作家）	くるまたにちょうきつ
野村玲子（女優）	のむらりょうこ
斎藤学（精神医学）	さいとうさとる
中林洋子（ファッションデザイナー）	なかばやしなみこ

	読み
花子（狂言）	はなご
「二千石」（狂言）	じせんせき
	※にせんせき：地方長官の俗称。漢代、郡の太守の禄が二千石であったことから
「横川法語」（比叡山延暦寺の三塔の一つ）	よかわほうご
磨硝子	すりがらす
仮字	かじ（仮名のこと）
二世の契り	にせ（現世と来世）のちぎり
「身毒丸」（寺山修司・作）	しんとくまる
人形浄瑠璃の首	〜のかしら
心悲しい	うらがなしい
	※「心淋しい」は「こころさびしい」もある

	読み
家貧しくして孝子出ず	いえまずしくしてこうしいず
濃紫	こむらさき
「弱法師」（能）	よろぼうし（観世流）
	よろぼし（喜多流）
雀踊り	こおどり
塗師	ぬし（ヌリシもあり）
甲斐絹（海黄）	かいき
乳の親	ちのおや
血塗れ	ちまみれ
血塗ろ	ちみどろ
鳥屋	とや
馬銜	はみ、はめ
秘色	ひそく
比色	ひしょく
直謝り	ひたあやまり
見巧者	みごうしゃ
物の怪	もののけ
物怪（勿怪）	もっけ
転封	てんぽう

	読み
雨塊を破らず	あめ、つちくれをやぶらず
雨車軸の如し	あめ、しゃじくのごとし
家給し人足る	いえ、きゅうし、ひと、たる
一二に及ばず	いちににおよばず
一丁字を識らず	いっていじをしらず
去に掛けの駄賃	いにがけのだちん
不生の地獄	うまずのじごく
烏有に帰す	うゆうにきす
顔に紅葉を散らす	かおにもみじをちらす
危急存亡の秋	ききゅうそんぼうのとき
酒人を呑む	さけ、ひとをのむ
雑魚の魚交り	ざこのととまじり
死生命あり	しせい、いのちあり
四大空に帰す	しだい、くうにきす
日月地に墜ちず	じつげつ、ちにおちず
篠を束ねる	しのをつかねる
十人寄れば十国の者	じゅうにんよればとくにのもの
身首処を異にする	しんしゅ、ところをことにする
責一人に帰す	せめ、いちにんにきす
胆斗の如し	たん、とのごとし
枚を銜む	ばいをふくむ
一口物に頬を焼く	ひとくちものにほほをやく
亡国の音	ぼうこくのおん
穂に出ず	ほにいず
丸くとも一角あれ	まるくともひとかどあれ
身を粉にして働く	みをこにしてはたらく
命旦夕に迫る	めい、たんせきにせまる
本木にまさる末木なし	もときにまさるうらきなし
病革まる	やまい、あらたまる
幽明界を異にす	ゆうめい、さかいをことにす

●解答・解説　　p14 **数詞が使われていることばの読み**

　音訳をする際、数詞の「しち」と「く」は聞き取りにくいので、「しち」は「なな」、「く」は「きゅう」と読むことが多いです（もちろん明確に発音できれば「しち」「く」と発音しても可）。

　しかし、以下のようなことばの中で使われている数詞は、そのまま読んではじめて一つの意味を持ったことばとなるので、「しち」や「く」が使われていても、安易に読みかえをすべきではありません。

【一】	読み
一一一忌（山本有三の忌日）	いちいちいちき
一六銀行	いちろくぎんこう
一六日	いちろくび
一口両舌	いっこうりょうぜつ
一腹一生	いっぷくいっしょう
上（御）一人	かみ（ご）いちにん
一日巡り［回り］	ひとひめぐり
一節切	ひとよぎり
一夜巡り［一夜回り］	ひとよめぐり

【二】	読み
二千石（狂言）	じせんせき
同行二人	どうぎょうににん
二上り新内	にあがりしんない
二世の契り	にせのちぎり
二八の臣	にはちのしん

【三】	読み
源三位	げんざんみ
三下り	さんさがり
三八式歩兵銃	さんぱちしきほへいじゅう
三一侍	さんぴんざむらい
三浦の乱（朝鮮史）	さんぽのらん
歩三兵（将棋）	ふさんびょう
三節の酒	みおりのみき
三行半［三下り半］	みくだりはん

【四】	読み
郭四筋	くるわよすじ
口耳四寸	こうじしすん
四悪	しあく
四三	しさん
四時	しじ
四職	ししき
四千両小判梅葉（歌舞伎）	しせんりょうこばんのうめのは
四三の星	しそうのほし
四注造り	しちゅうづくり
四手［垂手］	しで
四天下	してんげ
四斗樽	しとだる
四百四病の外	しひゃくしびょうのほか
四分一（朧銀）	しぶいち
四法界	しほっかい
四万六千日（縁日）	しまんろくせんにち
重四（賭博）	じゅうし（「ちょうし」とも）
従四位下	じゅしい（の）げ
藤氏の四家	とうしのしけ
登四五（舟）	のぼりしご
四幅	よの（三幅は「みの」）
四方山	よもやま

【五】	読み
五十集	いさば
五四	ぐし
五三	ごさん
五・四運動（中国史）	ごしうんどう
五七の桐	ごしちのきり
五倍子の粉	ふしのこ

【六】	読み
六玉川	むたまがわ
六号雑誌	りくごうざっし
六出花	りくしゅつか
六十四卦	ろくじゅうしけ

【七】	読み
七騎落	しちきおち
七事式（茶道）	しちじしき
七生報国（仏教）	しちしょうほうこく
七声	しちせい
七堂伽藍	しちどうがらん
「七番日記」（一茶）	しちばんにっき
七仏薬師	しちぶつやくし
七里飛脚	しちりびきゃく

【八】	読み
八百万の神	やおよろずのかみ
八尺鳥	やさかどり
八拍子（能楽）	やつびょうし
八枚手［八開手］	やひらで

【九】	読み
寒九の水	かんくのみず
九回の腸	きゅうかいのちょう
九五の位	きゅうごのくらい
九服（中国史）	きゅうふく
九一金	くいちきん
九会（仏教）	くえ
九界	くかい
九尺二間（狭い家）	くしゃくにけん
九字を切る	くじをきる
九寸五分（短刀）	くすんごぶ
九山八海	くせんはっかい
九代目（市川團十郎）	くだいめ
九年酒	くねんしゅ
九年母	くねんぼ
九品	くほん
九六銭	くろくぜに（「くろくせん」とも）

【十】	読み
十九日（江戸の俗語）	じゅうくにち
十九文（屋）	じゅうくもん（や）
十の島（＝あほう）	じゅうのしま
十文色	じゅうもんいろ
十六六指（遊戯）	じゅうろくむさし
十一（花札・利率）	といち
十日夜	とおかんや
十三の砂山（民謡）	とさのすなやま
十千万	とちまん
十千万堂（尾崎紅葉の俳号）	とちまんどう
十編［十布・十符］の編み笠	とふのあみがさ

◉解答・解説　　p17 Ⓐ 読み

【A-1】
　たとえばハインリッヒ・ラッカーの『転移と逆転移』（1968）は、主に1950年代に書かれた論文を含んでいるが、転移と逆転移の<u>相互力動性</u>について詳細に説明している。
　＝そうご／りきどうせい

【A-2】
　散々に悪事を重ね色々な前科もあり、そのあげくに<u>天人</u>ともに許し難い凶悪な罪を犯したというような場合にのみ死刑を科すべきである。
　＝てん／じん　ともに　　　　cf. 命／旦夕（メイ　タンセキ）に迫る

【A-3】
　法制局閲、「新憲法の解説」1946年11月3日発行、同書には内閣総理大臣吉田茂、国務大臣金森徳次郎、<u>内閣書記官長林譲治</u>の序文がある。
　＝内閣書記官長／林譲治

【A-4】
　十月には天皇が<u>木戸内大臣</u>にローマ法王庁との親善を要望。
　＝木戸／内大臣

【A-5】
　人間の小さな感情のやりとりや<u>小波</u>などを越えた年月の悠久
　＝さざなみ（細波、漣とも）

【A-6】
　本来戦闘用だった人数を、行政の<u>役</u>につかせたり、無役にしたりして…
　＝えき

【A-7】
　今日ほど州民の最低生活強行が要望される<u>秋</u>はない。
　＝とき

【A-8】

「身の上を明らかに名乗れ」と、声に真実を響かせていったが、多加は首を垂れたままだった。

〓こうべ

【A-9】

「友みなのいのちはすでにほろびたり　われの生くるは火中の蓮華」

火中の蓮華とは、あり得べからざること、という仏語である。

〓ぶつご　　※フランス語の場合は「ふつご」

【A-10】

彼はその九月、ヴァンクウヴァの日本人のカナダ新聞に寄稿し、幸徳秋水の思想ではなく教育勅語が日本を滅ぼすであろうと暗示し、「民衆を無智従順の納税器械たらしめて」いる力を批判し「サアベルの威張る日本、それから監獄、と朝日子も痛罵している」とし、「社会における民衆の位置に自覚する新人」を主張した。

〓あさひし　　※「し」はこどものこ（要・漢字説明）

【A-11】

折り悪く、アラビアゴムの価格が低迷しているときでもあった。

〓（おり）あしく

【A-12】

墓地の入口で生まれ育ち、掌をさすように何でもご存知の方である。

〓たなごころ

【A-13】

「市井の人」とか「野に遺賢あり」というよりよほどいい。

〓や

【A-14】

花火とともに杯を重ね、飲むほどに、酔うほどに、ひときわ大きな歓声を上げて、とても楽しい宵であった。

〓はい：乾杯の意　　　cf. 杯（はい）をあける

【A-15】
　中国の史書「魏志倭人伝」に記された「一支国（いきこく）」の中心集落
とされる長崎県・壱岐の国指定史跡の原（はる）の辻遺跡で、弥生時代中期
（紀元前二世紀）の建物の一部とみられる建築材が出土した、と同県教委が、
十四日発表した。
　　≡壱岐の／国指定史跡

【A-16】
　近年、経済統制が行われ、各地で色々統制違反の事件が出てまいりました。
梶井さんから聞くと、余り厳重にそれを調べると、今の刑務所を二倍に増やさ
にゃならんほど沢山犯罪者があるということを聞いて、私は吃驚いたしました。
　　≡びっくり（「喫驚」とも表記）
　　※「きっきょう」と読む場合もある（時代小説など）

【A-17】
　不愉快そうな顔で女主人が出てきた。チームリーダーのアローラ（37）が
説明しても「そんな細工は知らない」と声を荒らげる。たちまち路地に人だ
かりができた。
　　≡あららげる
　　※最近はアラゲルもありだが、時代小説などではアララゲルが望ましい

【A-18】
　目深にかぶった編み笠で顔はかくれているが、ひものかかった下あごだけ
はくっきりと目立つ。
　　≡まぶか

【A-19】
　捜査の方法を根本的に改めなければならない時に、いささか生温い論議と
いった感がしました。
　　≡なまぬるい（「生暖い」とも表記）

【A-20】
　したがって、芸者としての役者は、幾度その至芸を繰返して見物に<u>見えても</u>、決して見物を退屈させるわけはない筈だ。
　　≒まみえても

【A-21】
　更に又、実践的に社会各方面に全力的に全知能を心ゆくまでに働かせて活動している政治家、実業家などのうちには、自分達は実際の活動、実際の仕事そのものに、実際の世相の動きに興味をひかれているので、<u>似せのお芝居</u>などは、とても白々しくて見るに堪えないという人がある。
　　≒えせ（動詞・似せる）　　※「にせ」は「偽」「贋」

【A-22】
　29日に同市中央区の市立中央市民センターで<u>宮本研作</u>の一人芝居『花いちもんめ』を演じる。
　　≒宮本研／作の　　　cf. 長谷川将／監訳

【A-23】
　三味線を学ぶ祇園甲部の舞妓たち。<u>地方</u>の後継者が育つようにと、教える側も真剣だ。
　　≒じかた

【A-24】
　なるほど美酒佳肴は有難いが、併し、それが<u>動</u>もすれば生命を力づけるどころか、反対に生命を害うことを気づかれるでしょう。
　　≒やや

【A-25】
　これらの歴史と現実と規範との複雑な交錯関係は、一般社会の言葉の問題としては<u>自ら</u>その<u>帰著点</u>を見出すであろう。
　　≒おのずから
　　●きちゃくてん（着は著の俗字）　❌きちょてん　　cf. 付著、到著

【A-26】
　なるほど、歌舞伎の絵画的な音楽的な美しさに、我々は我を忘れて陶酔させられます。又、新派劇の名優の<u>花柳物</u>などには、芸として、本当に感心させられます。
　　＝かりゅうもの（「世話物」「散切物」と同類）
【A-27】
　さらにこれらの論者以外の日本の一般的な論調は、朝鮮にたいする無関心か、さもなくば、韓国「併合」を積極的に支持した<u>日本組合基督教会</u>のように侵略的なものであったと指摘した。
　　＝日本／組合基督教会（1886 年設立のプロテスタント三大教派の一つ）

【A-28】
　従って市川団十郎とか尾上菊五郎とかいう家門を中心として自らそこに封建的な役者社会が形成され、上は親方或は<u>座頭</u>と称する君侯から下は下廻りと称する<u>雑兵</u>に至るまでの懸隔は雲泥のごときものがある。
　　＝ざがしら　　　cf. ざとう
　　●ぞうひょう（ザッピョウもあり）

【A-29】
　演劇史の上では、現在も遺存する神楽とか、田楽とか、延年、<u>風流</u>などという民族的の歌舞演劇は自分らの仲間の需要を満たすための自己生産に他ならなかった。
　　＝（この場合は）ふりゅう

【A-30】
　近くは女形の口上おほく実の女の口上には<u>得いはぬ</u>事を打出していふ其実情があらわるる也。
　　＝え／いわぬ

【A-31】
　脅威を与えているのはスターリンとモロトフではなくてビルボーとランキン（ミシシッピ州選出の人種差別主義の<u>上下</u>両院議員）だ。
　　＝じょうか

【A-32】

　ドアのそばでいったん立ち止まり、わずかに片腕が持ちあがったが、その手はタラップの下へとみちびく鉄の手すりをつかみかけて、宙に浮いた格好になった。

　当時のわたしには、あの人がふいに<u>後足</u>をふんだ理由など、いかんせん想像できたものではなかった。

　　＝しりあし

　　しりあしをふむ＝あとずさりする、ためらう、しりごみをする

【A-33】

　じきにわたしたちはふたたび車に乗りこみ、プリマス通りへ車をバックで出した。走りだした車のフロントガラスに雨が細い<u>条</u>をつけ、その雨の向こうに、コテージの玄関にたたずむミス・チャニングの姿が見えた。

　　＝すじ

【A-34】

　日の暮れ近くになって、ようやくわたしたちはチャタムに帰りついた。リードは先にマートル通りの家をまわってくれるといい、おんぼろセダンはさかんに揺れながら、うちの<u>車道</u>で停まった。

　　＝くるまみち　　　（翻訳小説の場合、よく使われることば）

【A-35】

　この午後、ミス・チャニングがこんな場面に行きあたったことが尾を引いて、すぐ翌日、あんな会話を洩れきくことになったのだろう。わたしはそう考えてきた。苦しみに引き裂かれたリード夫人、彼女の腕に抱かれた<u>幼気な</u>メアリ。

　　＝いたいけな

【A-36】

　新井白石は、<u>京師風</u>を以て江戸を変えようとし、荻生徂徠は、西土の風を以て日本を<u>化</u>そうとした。

　　＝けいしふう

　　●かそう（化する＝同化する）

【A-37】

ヒロイン月影 瞳は対照的な二役を熱演するが、宮木に<u>一刷毛女</u>の優しさを付け加えたい。

≡ひとはけ／おんなの

【A-38】

その折に、集まった弟子たちは、いつもお釈迦様についておった阿難尊者を、阿難はまだ悟りを開いておらん、だから仲間にいれん、というて<u>結集</u>の仲間へ<u>入れ</u>なかった。

≡けつじゅう（ケチジュウとも）＝仏教用語

●いれ（なかった）

【A-39】

ミス・チャニングの証言がすむと、訴訟手続きは終了した。陪審は審議を始めた。それから二日間はチャタムの村を沈黙が支配した。もはや裁判所の正面玄関に人が群れることもなく、街角や町政庁舎の芝生に<u>人集り</u>ができることもない。

≡ひとだかり

【A-40】

反対派は受入れなくても委員会として実施するつもりであるが、皆さん方父兄が反対ならば<u>一時機を見なければ</u>ならないと思う。

≡一時／機を見なければ

【A-41】

その結果、被告人は家族の意思を<u>体して</u>、本件行為をおこないました。
≡タイして　　cf. 意を〜する

【A-42】

　あべこべ鏡の中のように、価格メカニズムは実際にある稀少性から目をそらさせたり、実際にはない見せかけの稀少性をつくり出したりすることがあるが、このはたらきはまた確かなものでもないので、視覚のばあいのように受け取る側で単純に再度反転させればそれでよしというわけにはいかないのだろう。

　　〓実際にある／稀少性

　　　✕実際に／ある稀少性。

　　　この場合は「或る稀少性」ともとれるが、「実際にある（＝在る）稀少性」が正解。後ろの「実際にはない〜稀少性」と対になっている。

【A-43】

　七月十五日、三度衛生費に関して臨時区会を開く。

　　〓みたび

【A-44】

　己をすて、己が十字架を負いて我に従え。

　　〓おのれ（をすて）

　　●おの（が）　　　cf. 我が：「が」が連体格の時は「私の」の意

【A-45】

　事実こうして私はしばしば脅かされた没収の難を逃れた。

　　〓おびや（かされた）

【A-46】

　明治日本の礎を築いた西郷、大久保、岩倉らの大政治家も口を一にして、ロシアの怒るべく、これに対する警戒の怠るべからざることを説いた。

　　〓（口を）イツにして

【A-47】

　七月十日は観音様の縁日。この日、お参りすれば、何と四万六千日、お参りした功徳があるという。東京の浅草寺では前日の九日から鬼灯市が立つ。

　　〓しまんろくせんにち

【A-48】

　病が分かったのは昨年初夏。だが、執筆ペースは落とさず、旅を続け、作家仲間と語らい、<u>気取らせなかった</u>。

　　≡けどらせなかった

【A-49】

　部屋の暖房と毛布のぬくもりを吸って、白いネルのパジャマは暖かいのに、そのすぐ<u>裏</u>の肌は冷えていた。

　　≡うち

【A-50】

　わたしの父には気にいりの<ruby>箴言<rt>しんげん</rt></ruby>があった。ジョン・ミルトンの『失楽園』からこんな<u>行</u>を引き、チャタム校の生徒に聞かせるのを好んだものだ。

　　≡くだり　　　cf. 三行半

【A-51】

　<u>作中時</u>に、二、三ページにわたる「………」とて、それが"話者の沈黙"記号以外の何ものでもないことを示している以上、せっかくの律儀な分量もおそらく二、三秒で消費されるのである。

　　≡<ruby>作中<rt>さくちゅう</rt></ruby>／<ruby>時<rt>とき</rt></ruby>に　　　cf. 今次／本「論文集」刊行に際し

【A-52】

　暑くて湿気の多いこの環境では、蚊やごきぶり、ムカデが繁殖する。この地区の住民は、さらにゴミを食べあさる赤い顔をした<u>タカ目</u>のヒメコンドルとの共存を学ばなければならなかった。

　　≡タカモク

【A-53】

　梅干しには前述のコレラ除けの<u>呪い</u>と同趣のもので、舌を刺激する酸味に意味がある。

　　≡まじない　　✖のろい

【A-54】

　何もアメリカや権力が地域研究ということを要望している、それに立ち向かうためではなくて、全く別の出発点からはじめたことだが、<u>奇しくも</u>、というよりも必然的にそうならざるをえない。

　　〓くしくも　　✖きしくも

【B-1】

　<u>真性</u>　シンは「マコト」セイは「サガ」のものとは、生理的なもので、エネルギーの補給と働きの<u>新生</u>　シンは「アタラシイ」セイは「ウマレル」のための休息要求である。

解答例：

　文章の後に『はじめの真性は「マコト」に「サガ」、あとの新生は「アタラシイ」に「ウマレル」』と付加しても可。

....

【B-2】

　のちの新法党によって名誉が剥奪されたが、南宋に至って栄誉が回復され、北宋の名臣として<u>礼遇</u>され、司馬温公と<u>敬称</u>された。

解答例：

　礼遇：レイは礼儀のレイ　　➡同音異義語：冷遇

　敬称：ケイはうやまう　ショウは名称のショウ

....

【B-3】

　このような過去の歴史認識と歴史叙述の対話の関係を、筆者の<u>認意</u>の、ある個人の場合をとりあげて考えるのが本稿の主題である。

解答例：

　認意：ニンはみとめる　　➡同音異義語：任意

....

【B-4】

　さらにイラン海軍は、陸空に比べて比較的しっかりしていたといえ革命の混乱の影響を受けており、その艦船、乗員の<u>精度</u>は不明である。

解答例：

　精度：セイは精密のセイ　　➡同音異義語：制度

....

【B-5】

　私には良心はない！　私の良心はアドルフ・ヒトラーだ。

解答例：

　　良心：リョウはヨイ、シンはココロ　　➡同音異義語：両親

....

【B-6】

　そのような人生を貫いた一連の諸決断によって初めて、ある了解にとって諸々の支点が与えられる。

解答例：

　　支点：シはささえる　　➡同音異義語：視点

....

【B-7】

　しかし天文 23 年（1554）春に陶晴賢と絶ち旗色を鮮明にした。

解答例：

　　絶ち：タチは絶交のゼツ　　➡同音異義語：立ち

....

【B-8】

　職のあるこれらの人々は定収入、食糧特配と恩典もあり、多くの失職者にとっては羨望の的であった。

解答例：

　　定：テイは一定のテイ　　➡同音異義語：低

....

【B-9】

　これが合理主義や汎論理主義の名の下で通用しているものなのである。

解答例：

　　汎：「広くゆきわたる」のハン
　　　　※訓読みや熟語での説明がつけにくい漢字の説明例

....

【B-10】

サルバサン 606 号は旧サルバサンと呼ばれ、初めは筋肉注射として使用され、その結果は優れているが、局所痛と副作用が問題となり、ネオサルバサンが出現した。

解答例：

　旧：「古い」キュウ

　　※ 9、Q と混乱するので、注意

....

【B-11】

　ただ、いま見留る（みとめ）という言葉を使ったが、この見留るが、認めるの語源である。

解答例：

　見留める：「ミる」に「トドめる」

....

【B-12】

　ラファエルはおそらくこのとき、サーカスで年末レビューを披露するという革新が、今後自分が演じることになる役回りに大きな影響をもたらすだろうことを理解した。

解答例：

　革新：変革のカクにアタラしい　　➡同音異義語：確信

....

【B-13】

　『ル・プティ・ジュルナル』と『ル・フィガロ』も自分たちの『ギッド・ブルー（観光ガイド）』を刊行するにあたって彼に宣伝を頼んでいた。

　説明不要の例

....

【B-14】

　すべての視線が中央桟敷席のひとつに集まっており、そこに、灰色がかったヤギ髭を蓄えた禿頭の年老いた男性が、たいそうエレガントな様子で現れた。

解答例：
　禿頭：トクは「はげる」。
　　　　　※この文脈中では、特別にすぐれた等級の「特等」と混乱するので注意

....

【B-15】

　つまり攻撃が逃走の気分によって抑圧されることの最も少ない場所にいるときは、最低値の刺激によって闘争が起こるということである。

解答例：
　はじめの「トウソウ」は「にげる」に「はしる」、
　後の「トウソウ」は「たたかう」に「あらそう」

....

【B-16】

　1980年代にアメリカは、国内の支出を賄うための増税を拒否し、その代わりに外国から借金をしたため純債務国になってしまった。

解答例：
　純：純粋のジュン　　※「準」と混乱するので注意

....

【B-17】

　そのバス旅行でイェイツがかつて住んでいたバリリ塔へ出かけたときだった。

解答例：
　塔：「島」と混乱するので注意
　※外国語の前後に漢字がついている場合は要注意
　　cf.「老ニーヴ氏」と「ローニーヴ氏」
　　　「ホメイニ師」と「ホメイニ士」

....

【B-18】
　和平プロセスに反対するアラブ・グループによるテロ爆破は、1996年のイスラエル選挙に影響を与え、リクードの新政権は和平プロセスの速度を落とした。にもかかわらず、リクード政権は1998年にパレスチナとの間でワイ川合意を結んだ。

解答例：
　ワイ川：「ワイ」はカタカナ、「川」は多摩川のカワ
　　　　　※外国語に漢字が付加された例
....
【B-19】
　研究者はその分布の中間の三分の一を平均的被選択（average-chosen）のクラスとよび、下の三分の一を、もちろんこれは少数の少女によってしか選択されなかった少女、あるいはまったく誰からも選択されなかった少女によって構成されていたが、低被選択（under-chosen）のクラスと呼んだ。

解答例：
　被選択：「被」はコウムル。
　　　　　※否、非ともとれるので注意
....
【B-20】
　もちろん、一つの重大な問題―天皇と天皇制の処置―が大きく浮んでいた。日本人にとってコクタイ―national polity―とは、不変かつ不可壊の、家族的関係における国民と天皇との結合を意味する。

解答例：
　コクタイ：カタカナ表記
　不可壊：カイはコワス 。「不可解」と、とれるので注意
....

【B-21】

　だが、それに反して、もしそうしたいわゆる像の征服が、他人や世界に対するわれわれの生活関係の一切を含む全体的過程の一面にすぎないと仮定すれば、〈その過程は一度実現されると言わば自律的に活動するものでありながら、しかも同時に、まことに偶然的なわれわれの対人関係に関与しつつ、いろんな形で退化したり逆行したりすることもありうるものだ〉ということが、やすやすと理解できるようになりましょう。

解答例：
　過程：「過程」はプロセス　　➡同音異義語：家庭、仮定など

....

【B-22】

　ことに同じアジアに属し、半植民地・半封建社会から脱却し、社会主義建設を「成功」裡に推進しつつあった中国の姿は、これら諸国にとり大きな魅力となっていた。

解答例：
　半：「半」は半分のハン
　　　※汎、反と同音なので注意

....

【B-23】

　その夜、研究室にやってきたK大生を、これ幸いとばかりに、ある雑誌の原稿にそえる写真図版の作成作業にこき使った後、私たちはいつもの喫茶店に座りこんで終電近くまで話しこんでいたのである。

解答例：
　K大生：「K」はアルファベット大文字　　➡同音異義語：慶大生
　S大生の場合は不要

....

【B-24】

　それに、彼らと、彼らに隣接するキリスト教的＝国民主義的でもあった全ドイツ主義の諸集団との間に、結合、融合、分裂そして敵対といった混乱したからまりあい―それはナチズムの前史の全体について特徴的なことである―があったこともまた、このドイツ人労働者党の勢力を強化する要因などにはならなかった。

解答例：

　　前史：「ゼン」は前後のゼン　　　➡同音異義語：全史

. . . .

【B-25】

　10月中旬、幣原^{シデハラ} 男 の内閣が東久邇内閣に代わった時、マックアーサー元帥は、新首相に、日本が遂行せねばならぬ改革は「当然、憲法改正を含む」ことをつよく忠告した。

解答例：

　　（幣原）男：ダン（男爵のダン）

. . . .

【B-26】

　「大都市老人の健康と生活―K 市 70 才老人の追跡調査から」

解答例：

　　「K」はアルファベット大文字、「市」は市町村のシ

. . . .

【B-27】

　カパ性 PMS には、抗カパ食として、重性、油性のものは避けます。スパイスや消化しやすい野菜がよいでしょう。ハーブとしては、アロエ、ターメリック、シナモン、黒コショウ、長コショウ、ショーガ、クローブなどをとってみてください。

解答例：

　　抗：抵抗のコウ　　　➡同音異義語：高

. . . .

【B-28】

　毎年三度やる書棚の組みかえを一度にやるのは大仕事だったけれど、それだけにこの一年とそれに続く自分の本の読み方があきらかに見えてくる。大学を去るまぎわにやった「宗教と想像力」の<u>シンポ</u>では、当然ながらオウム真理教に関心が集中した。

解答例：

　　シンポ：カタカナ表記　　　➡同音異義語：進歩
　　「宗教と想像力のシンポ」ととられないよう読み方も工夫を。

∙∙∙

【B-29】

　50 年代末には、このころまでにすでに、ソ連産石油と石油製品の<u>常客</u>となっていたイタリア、フィンランド、西ドイツ、フランス、スウェーデンの買付量は大幅に増加した。

解答例：

　　常客：「常」は日常のジョウ　　　➡同音異義語：上客

∙∙∙

【B-30】

　むしろ存在するのは、構造的変化と<u>求職</u>期間によって可動的な特定の自然失業率である。

解答例：

　　求職：「求」はモトメル　　　➡同音異義語：休職

∙∙∙

【B-31】

　そして《<u>中進的な</u>》イタリアにおいては、工業国家への移行にともなう危機が特別の爆発力を発揮し、議会制民主主義はそれに耐ええないことを露呈した。当時手ひどい打撃を受けたばかりのナチスを含めて、新議会は、その最初の本会議（1932 年 12 月 4 日）で政府への不信任案の上程を断念していた。

解答例：

　　中進的：「中心」と同音、「『進』はススム」のみで可。

∙∙∙

【B-32】

　あなたは私のまえに、義務と職務とを負わされている人のすがたを突きつける。が、私の念頭にあるのは、まさにそのような人、工場で、商店で、ビューローではたらいている人、<u>坑内</u>作業に従事している人、<u>植字室</u>にこもっている人、つまり人間なのだ。

解答例：

　坑内：「坑」は炭坑のコウ

　植字室：「植」はウえる、「字」は文字のジ　　➡同音異義語：食事

【B-33】

　われわれの最大のそして最も緊要なる研究対象はいうまでもなく資本主義そのものであり、その運動法則・歴史的使命を分析し、社会主義への移行に<u>照明</u>を与えることである。

解答例：

　照明：ショウはテらす

　　※「証明」ともとれるので注意

【B-34】

　入学シーズンも間近に迫り、受験生をお持ちのご家庭では、入学金や授業料などの準備をされるころではないでしょうか。そこで、入学金などにあてる資金の主な貸付制度をご紹介します。

　　▲市教育委員会の入学金……30万円まで

　　▲私立学校設置者による入学支度金……20万円まで

　　▲東京都母子福祉資金……<u>就学</u>支度金38万円

　　（大学）まで・<u>修学</u>資金……月額5万7千円まで

解答例：

　就学：「就」は就職のシュウ、「学」は学問のガク

　修学：「修」はオサめる

　　　※読みにも注意…「（大学）まで」は、「大学の場合は就学支度金38万円まで」の意

【B-35】
　全体として見ると、1924 年 5 月の選挙は、民主主義諸政党の後退の継続を示していた。

解答例：
　後退：コウはうしろ　タイはしりぞく　　　➡同音異義語：交代

･･

【B-36】
　加藤氏はやはり討論の場で、記紀の記述は戦後の歴史学会では厳しい史料批判を受けたすえ、現在では否定されていると述べ、歴史教育の現場でもその立場が支持されていることを紹介した。

解答例：
　記紀：古事記のキに日本書紀のキ

･･

【B-37】
　まさに、隔離という国策のなかで、ハンセン病患者の子供まで排斥するという差別観・恐怖感が形成されてきたのである。

解答例：
　差別観：「観」は観察のカン
　恐怖感：「感」は感覚のカン

･･

【B-38】
　『多磨』誌にハンセン病の歴史について執筆してくれないかという御依頼を受けたのは、1991（平成三）年の夏だったと記憶している。

解答例：
　『多磨』誌：「誌」は雑誌のシ 。「多摩市」と同音。
　　　　　　※読み方の工夫も必要。「タマ　シ」間（マ）をいれる

･･

【B-39】

　提出歌の「いさなとり」というのも捕鯨のことである。いさな (勇魚) とは鯨の古語。ここであえて古語を使うというのも、自分が日本の文化史につながる存在であるという意識が生じて来たからだろう。

解答例：

　　いさなとり：ひらがな表記
　　いさな：カッコ いさな：漢字二文字 イサましい に サカナ カッコとじ

....

【B-40】

　人生は、発達、成熟、老化でもあるが、フーガでもある。精神科医としての私の日々の営みは、むしろ、人生のフーガ的側面に目を向けたものであったかもしれない。

解答例：

　　フーガ：カタカナ表記　　➡同音異義語：風雅
　　　　　　　※外国語と日本語が同音の例

....

【B-41】

　「荒々しい好意」という祖母の短い随筆には、自分が肺炎で入院したときのことが書かれており、文中に「努力加餐」の文字はないが、内容のきびしさに通じている。

解答例：

　　好意：「行為」と同音異義語。「コウはすききらいのスキ」のみでわかる（イは意識のイ）
　　加餐：カはクワえる、サンは晩餐会のサン

....

【B-42】

　畢生(ひっせい)の対策『ファウスト』とはいわない。もし２人の天才が共同制作したら、どんなことになったろうか。想像はふくらむ。

　もっとありえたかもしれないことで悔やまれる「if」がある。

解答例：

　「アルファベット　アイ・エフ」

　　※ if：「畏怖」と同音。

....

【B-43】

　ニクソン政権はこれに対して「漸進主義」と称する失業創出政策をとったが、その効果があらわれないのでついに 1971 年の「新経済政策」にふみきったのである。

解答例：

　漸進：ゼンはヨウヤく。「前進」と同音。

....

【B-44】

　しかし、通貨の減価に比べれば、この数字でもなお不十分であり、勇敢に借金をする者はなお利益を得たのである。

解答例：

　減価：ゲンはへる。「原価」と同音。

....

【B-45】

　ミトコンドリアは、血液によって運ばれてくる酸素と栄養分（糖や脂肪）を使って ATP（アデノシン三リン酸）という物質を生成しています。

　ATP は、どんなものとも交換可能なお金になぞらえて、「生体のエネルギー通貨」とも呼ばれます。

解答例：

　アデノシン三リン酸：はじめの「さん」は漢数字、後の「さん」は酸アルカリのさん

「原本同一性」を保持しつつ、「聴いて理解できる」音訳を目指すことは、結果的に「正しい読み」につながります。　記号一つの処理についても、「筆者の意図」と「利用者の聴きやすさ」の2点から考えて処理しましょう。

【C-1】

　"UNOR　1948" と大きく書かれたものが多い。そして、下の方に小さく 23　UNOR　1989 と書いたものがある。娘がすぐに辞書を持ち出し、今日の日付とわかった。UNOR は二月だという。ポーランドでもハンガリーでもチェコでも、ドル・ショップか一流高級ホテルにでも行かない限り、目にする文字はほとんど、その国の言語だけである。

◗ 解説 ◖

　著者は発音がわかっていないので、「すべて大文字 ユー エヌ オー アール」でOK。2回目以降は「すべて大文字」は省略して可。

....

【C-2】

　リンカーンは「どこの馬の骨かわからぬ者が突然高名の地位に昇」り、「高位に登りながら、極端に質朴な面をかくも完全にもっていたものは誰もいなかった」(注) ことで米国人から今も尊敬されている。

(注) リンカーンについてのかぎかっこ内は、R. ホーフスタッター著『アメリカの政治的伝統』(田口富久治・泉昌一訳、岩波現代叢書、1959 年) から。

◗ 解説 ◖

　(注)の中で「かぎかっこ内は」と言及されているので、カギカッコはすべて読む。
　～昇 カッコトジ り、カギカッコ 高位に

....

【C-3】

　横浜事件の再審開始決定

戦時下最大の言論弾圧事件とされる「横浜事件」で、横浜地裁が、終戦直後に治安維持法違反で有罪となった元被告らの再審開始を決定。「ポツダム宣言受諾で同法は失効していた」(15日)

◖解説◖

　カッコを読む。

「　」内は 裁判の争点となっている被告側の主張。読まないと事実になってしまう。

【C-4】

　15歳未満の者からの臓器提供ができないことについてどう思うか。

「できないのはやむを得ない」…19.6％（「臓器移植ができないのはやむを得ない」11.5％ 、「どちらかといえば臓器移植ができないのはやむを得ない」8.1％ ）

◖解説◖

　マルカッコを読む。

　（ ）内は内訳。カギカッコは読まなくて可。

【C-5】

　今年94歳になる老人が、30ページほどしかない小さな本を書いた。フランスで生まれたその本は200万部を超える大ベストセラーになり、世界各地で翻訳された。著者はステファン・エセル、戦争中はナチスへの抵抗運動（レジスタンス）に所属し、戦後は、外交官として国連で活躍。そんなエセルが送り出した本のタイトルは『慣れ！』だ（①）

　①英語版 Stéphane Hessel『Time for Outrage！』から

◖解説◖

　！　書名に使用されている記号は読む。

【C-6】

　事件から 14 年、あるいは 22 年を経て、憲法にも基本的人権の尊重が明記される時代になって、先に紹介した内田守『光田健輔』もこうした認識を継承している。

◖ **解説** ◗

　二重カギカッコを読む。
　著者名に続いて　人名のみの書名が書かれている場合、読みで表現するのは難しい。

....

【C-7】

　初日、親しい女優カトリーヌ・ドヌーブが訪れ、男物仕立てのパンツスーツを買っていった。このスタイルが広まり、「二流の市民として男たちに従う意志などないことを示す、新しい世代の女性たちのユニフォームとなった」（アリス・ローソーン『イヴ・サンローラン』）

◖ **解説** ◗

　読みで表現できない場合は、カギカッコを読む。
　タイトルの二重カギも読む。マルカッコは読まなくて可。

....

【C-8】

　主な関係事業の対象者 1 人あたりの費用の状況―全体の約 48% を占めている福祉・保健・医療、子育て・教育

◖ **解説** ◗

　読点と中点（なかてん）の読みの区別をする。

....

【C-9】

　日本学術会議（金沢一郎会長）は 25 日、科学技術基本法を改正して「科学技術」を「科学・技術」と表記するように求める勧告を菅直人首相にした。

◖ **解説** ◗

　中点の有無。あとの「　」内の中点は読む。

....

【C-10】

　ドストエフスキーの語り手は、第六章「体験ブルジュア論（ママ）」のなかで、パリのブルジョワがなにを怖れているかについて考察し、それは社会主義者であると述べている。

■解説■

　著者が原文のまま引用していることを示す。
　体験ブルジュア論（「ジュア」に原文のままのルビ）「音訳者注」は不要。

....

【C-11】

　そういうわけで私は「ゆかりある人びとは……」を全体の通しの題名に選んだのだが、この題名のおしまいにある「……」そこには、「食う、笑う、泣く、考える、思う、しゃべる、論じる、書く、苦しむ、悩む、悲しむ、よろこぶ、ケンカする、殴る、殴られる、恋をする、せぬ……」といろいろ入るにちがいない。

■解説■

　「……」：すべてテン、テン、テン

....

【C-12】

　スーチーさんは初めて国政に参加する。一歩前進で、民主化への弾みもつこう。とはいえ、強制と恐怖で支配してきた軍政による憲法は残る。
　「投票用紙は弾丸より強し」という民主主義の理念を真に実現していくには、いらざる遺物だろう。

■解説■

　ルビを優先。
　バレット（投票用紙）は ブレット（弾丸）より強し

....

【C-13】
◎特定健診・特定保健指導スタート

　生活習慣病の予防対策として、40〜74歳の医療保険加入者を対象に実施
◎Ｂ型・Ｃ型肝炎の医療費助成

　インターフェロン治療費を助成し、自己負担上限額が月1万〜5万円に

▶解説◀

　40から74歳でＯＫ

　月1万乃至（ないし）5万円に

　※金額の場合は、とくに注意が必要。

【C-14】

　降圧薬……ACE阻害薬のリシノプリル（ゼストリル、ロンゲス）、エナラプリル（レニベース）など。

▶解説◀

　音声表現ができない場合は カッコを読む。

【C-15】

　ほんの数行おいて、ふたたび次のように書く。「彼はもう一度、さらに一度、もっぱら峰打ちで、脳天だけを狙って、力まかせに斧を振りおろした。」
（傍点引用者）

▶解説◀

　①傍点（マ）もっぱら峰打ちで（マ）傍点終わり

　②もっぱら峰打ちで…振り下ろした」まで読んで「もっぱら峰打ちで」に
　　傍点

　※（傍点引用者）（傍点訳者）と付記されている傍点は必ず読むこと。

【C-16】

　サマセット・モーム（1874 ～ 1965）イギリスの小説家、劇作家。ロンドンの医学校に在学中から小説を発表し、傑作「人間の絆」（1915）で不動の地位をきずく。

▶ 解説 ◀

「人間の絆　１９１５」との読み方の違い

　書名に出版年が続く場合、書名の一部に組み込まないように読みに注意。

....

【C-17】

　龍門寺は何度か再建された。一部の推定によれば最初の建立が 913 年で、1392 年に増築されたという。1592 年に焼け落ち、1907 年には日本軍により古い建造部分の多くが燃やされた。朝鮮戦争時にもひどい損傷を受けた。現在の寺は 1980 年代に再建されたもの。

▶ 解説 ◀

・「龍門寺」韓国読みでは「ヨンムンサ」。原本索引では「リ」の項に入っているため「ヨムンサ」（りゅうもんじ）と読んで、その旨、音訳者注で伝える。

・「サイコン」の読みに注意（寺院の場合。仏教用語から）。創建は「ソウコン」。

....

【C-18】

　孔子がイチョウの木の下で過ごしたという話は、アンズの木の下でと語られることが多い。おそらく『銀杏』という中国語に発する誤解であろう。

▶ 解説 ◀

・「銀杏」を中国語で読むだけでは文意が伝わらない。「漢字二文字　銀に杏」で可。

・中国語で発音した場合も文字説明を加えること。

....

【C-19】

　ところで、最近「無巧不成書」という中国語の言い回しを習った。偶然の出来事に驚いたとき、間投詞的に使うと聞いた。ある英語の小説でこの言葉が "a book without coincidences isn't a book." と直訳されているのを見かけたが、偶然のひとつもなければ面白い話にならないといった意味か。

▶ 解説 ◀

・「ムコウフセイショ」と音読みして文字説明。
　漢字五文字　無は有無のム　巧は技巧のコウ　不成は不成功のフセイ
　書は書物のショ
・中国語で発音した場合も文字説明を付けること。

【C-20】

　それに対してドイツは、1918年の克服されざる敗北の政治的＝心理的諸問題と、とりわけ、（ここではすでに高度の発展を示していた）工業的大衆社会の内部における構造的危機に直面したのであった。

▶ 解説 ◀

and の意　つなぎ符 または ダブルハイフン（読まなくても可）。

【C-21】

　治療……生活処方（食事指導）とアーマ・パーチャナ（減食、油物を避ける）パンチャカルマ（シローダーラー、アビヤンガ、スウェーダナ、ショーダナ・バスティー）を処方。

▶ 解説 ◀

「減食（と）油物を避ける」と受け取られないように読みの工夫をする。
　カッコ内の読みの表現が可能か。難しい場合はパンチャカルマのあとのカッコを読む。

【C-22】

　しかしもちろん、プロイセンの軍事的＝政治的で国家的な秩序の伝統がなければ、第二帝政やヴァイマル共和制のもとでの広汎な民衆の思考と生活の軍事化は考えられなかったであろうし、まして全体主義国家の建設やその闘争力などはとくに考えられなかったことであろう。

◗ 解説 ◖

　原文のドイツ語は、二つの単語をつなげて一語にしている。
　翻訳者がもとの単語の間に入れた記号は読まなくて可。
　読むなら、「つなぎ符」または「ダブルハイフン」。

【C-23】

　恥ずかしながら、浜井さんが繰り返し語る「コウセイ」を、脳内で「更正」と変換してしまっていた。罪を犯した人は更正＝改め正して終わりではない。更生＝立ち直ること。生き返ること。罪を犯した人が更生できる社会はおそらく、あなたも私も息がしやすい。

◗ 解説 ◖

　この場合は「イコール」。
　「イコール」か「つなぎ符」か判別できない場合は、読まなくても可。

【C-24】

　合理的で社会の同意をえた（民主主義的！）決定を願う期待が官僚制をこの方向に駆り立てる。

◗ 解説 ◖

　感嘆符を読む。著者が揶揄するために使用している場合など。

【C-25】

　また、その目標を、生活、学習・仕事、余暇の３つの領域（場面）で分けて整理してみることが必要だと思います。

◗ 解説 ◖

　読点と中点の読みの違い。「４つの領域」にならないように。

【C-26】

　そんな挑戦者たちを生き生きと描いているのが『フェルマーの最終定理』。定理は前世紀末、アンドリュー・ワイルズによって証明されたが、頂上へ至る難所越えの有力な道標となったのが、谷山豊と志村五郎の「谷山＝志村予想」だった。

◗ 解説 ◖

　and の意なので、読まなくて可。

- -

【C-27】

　ムーディーズは日本国債の格付けを昨年 8 月に 1 段階引き下げていて、いまの格付けは 21 段階の上から 4 番目の「Aa3（ダブルエー・スリー）」にしている。

◗ 解説 ◖

　「ダブルエー・スリー」と読んだあと、表記を伝えること。
　大文字エー 小文字エー 数字サン

- -

【C-28】

　壁画から推測する古代エジプトのパンや古代ローマ人の豚もも肉の塩漬け方を紹介した『食の歴史　100　レシピをめぐる人々の物語』が刊行された。著者は食物批評家 W．シットウェル。現代英国より「洗練されていた」（？）メソポタミアの夕食など想像するだけで楽しい。

◗ 解説 ◖

　記号を読む。または語尾を上げて読みで表現。

- -

【C-29】

　今の状況が急に変わることはないだろう。彼の仕事も苦労が続くはずだ。そんな中でも明るく話す彼に、精いっぱいの気持ちを込めて伝えた。祝工作順利（仕事がうまくいきますように）！

◗ 解説 ◖

　①中国語で発音して文字説明。
　②漢字を音読みして文字説明。

- -

【C-30】

　人口 6600 人の町をモデルとした試算によれば、化石燃料から地元の森林エネルギーに完全に切り替えれば、雇用は<u>8.5 人／年</u>からなんと<u>61 人／年</u>に増加する。

◗ 解説 ◖

　８.５人（パーあるいはスラッシュ）年
　「毎年８.５人」と読まないこと。記号表記であることを伝える。

・・・

【C-31】

　もう一つはルシドリール（塩酸メクロフェノキセート）である。作用の項には(1)成人の脳血管障碍において、局所脳血流の変化を<u>133Xe</u>クリアランス法で検討した結果、脳血流量の増加が認められている。

◗ 解説 ◖

　①１３３（ひゃくさんじゅうさん）大文字X 小文字e
　　初出時は、記号を記号として読んで可。
　　「以下キセノン１３３」と加える。
　②「キセノン１３３」と読んで「１３３ 大文字X 小文字e」を加える。

・・・

【C-32】

　これに対してユングは、「生きた形態は、塑像として見えるためには深い影を必要とする。影がなくては、それは平板な幻影にすぎない」(6) と述べている。
注 (6)　Jung<u>,</u> C.G., Two essays on Analytical Psychology, Collected Works of C.G.Jung, Vol.7,Pantheon Books,1953

◗ 解説 ◖

　ユング カンマ シー ジー
　カンマを読まないと、姓と名の順序が日本式に入れかわっていることがわからない。

・・・

【C-33】

Peterkin, A., "Self-help movement experiencing rapid growth in Canada," *Can Med Assoc J*, 148(3),p817,1993.

◗ 解説 ◗

カンマを読む。

①正式名称にもどす。Canadian Medical Association Journal

②スペリングを伝える。

●解答・解説　　p39　誤植の処理

① 基本的に誤植は誤植のまま読んで可。
② ただし読みにくい場合もあるので、「て、に、を、は」や「～でした」が「～でたし」等、文字が逆になっている場合は、音訳者注を入れずに訂正して読んで可。
③ ②のような誤植が多い本の場合は「音訳者注」又は「デイジー版凡例」で「誤植が多い本ですので、適宜、訂正して読みます」と断る。

【C-34】

　要は脳血管障害の種類とその病態によって適応を判断すべきであるから、いささかその点に触れて、この頃を終えることとしよう。

◗ 解説 ◖

　「この項」と読んで可。「音訳者注」不要。

【C-35】

　雷鳴はとどろき、延喜六年（九〇六）には大納言藤原定固の死、同七年の藤原時平の死……

◗ 解説 ◖

　定国 の誤植
　①「ていこ」と読んで文字説明
　②そのまま読んで
　「音訳者注『定国』の誤植ですが原文通り読みました。 注 終り」
　③「さだくに」と読んで
　「音訳者注 原文は 定固（こはかたい）誤植ですので 訂正して読みました」
　※「同七年」も誤植ですが、訂正の必要なし。このまま読んで可。

【D-1】

　最近、ソ連当局に迫害され、ロストロポービチ夫妻から保護を受けたノーベル賞作家ソルジェニーツィンさん（88）の未公開メモが公表され、魂の交流をうかがわせるエピソードも明らかに。

◖解説◗

　「最近」は「メモが公表され」にかかる。

　「最近ソ連当局に迫害され」と読まないこと。

【D-2】

　シンガポール人は割安でもある。マイケル・ペイジ・インターナショナル（シンガポール）のフローレンス・ヌ氏によると、シンガポールで彼らが受け取る賃金は、同じ立場の香港人より 20 〜 30％低い。

◖解説◗

　ヌ紙（新聞）と同音。「氏」は「うじ」。

【D-3】

　「おやじはみんなもわかっている通り、不器用やから」と興毅。17 日の記者会見での中途半端な頭の下げ方が、対戦相手を虚仮（コケ）にし、「謝ったらおしまいや」と大見得を切ってきた史郎氏にとっては精いっぱいだったのだろう。

◖解説◗

　「対戦相手を虚仮にし」が前文につくか後ろにつくか。

　〜頭の下げ方が（マ）対戦相手を虚仮にし「謝ったら〜」
（続けて読む）

【D-4】

<u>1944年12月、連合軍がノルマンディーに</u>上陸した1944年6月6日、いわゆるDデイから6か月が過ぎた。

▶解説◀

「1944年12月」(マ) 連合軍が…6月6日 (つづけて) いわゆる…
「1944年12月」は「いわゆるDデイから6か月過ぎた」に続く。

・・

【D-5】

こうして、1989年の夏には東欧の人々に<u>より大きな自由</u>が与えられるようになっていた。ハンガリーは、東ドイツ人が自国を経由してオーストリアに脱出することを許可した。

▶解説◀

「人々により」で切らない。

・・

【D-6】

「公」という言葉に、あるいは小林よしのり氏の『<u>戦争論</u>』を思い浮かべる人がいるかもしれません。

▶解説◀

書名であることを意識して読む。または二重カギを読む。一般用語にしない。

・・

【D-7】

これは、領主の圧政と暴虐に苦しんだ<u>アルタベルニ家</u>の100年にわたる歴史である。

▶解説◀

「アルタベルニケ」と聞こえないように
外国語の前後に漢字がついている場合は要注意。
「アルタベルニ (マ) 家」と読み方を工夫するか、
「アルタベル家」(家はイエ) と文字説明を加える。

・・

【D-8】

生徒は6年制の小学校を修了していることが求められたが、十分な学識経験を有する<u>年長者は例外として</u>、校長が承認すれば特別生として入学が認められることになった。

▶ 解説 ◀

年長者は（マ）例外として、校長が～

続けて読む

....

【D-9】

生徒は全員、保護者に電話で連絡した。引率の小林正弘教諭（61）は「生徒は動揺せずに行動してくれているが、帰国まで気は許せない。」「<u>身の危険を感じるほどだった</u>」。ロンドン南方のガトウィック空港で、オランダ行の便を急きょ、あきらめたという男性がBBCの取材に話した。

▶ 解説 ◀

どこで話し手が変わったか聞いてわかるように読みを工夫。

....

【D-10】

十字架刑が執行された金曜日の午後三時までには、早くも安息日が始まっていた。そのときにはもはや<u>1000キュービット</u>以上の旅をすることは許されなかった。

▶ 解説 ◀

「1009ビット」と区別できるように読んでいるか。

....

【D-11】

船の<u>免許を持つ</u>。夫と2人暮らし。長男は新聞社、次男は電力会社に勤める。

▶ 解説 ◀

「船の免許を持つ夫」と聞こえないか、句点の「マ」を十分とること。

....

【D-12】

　最近、庭木としてよく使われるようになったオカメやアーコレイドといった品種は英国生まれだ。大木にならない、同じ系統の日本の品種より花色があでやかである、といった共通した性質をもっている。

◗ 解説 ◖

　「大木にならない」「同じ系統の〜あでやかである」は同列。
　「大木にならない同じ系統の〜」と続けて読まない。

【D-13】

　やっぱり猪ですよ。一匹。足を引きずっている。

◗ 解説 ◖

　句点に注意。「数匹のうちの一匹」に聞こえないように、
　「一匹足を引きずっている」と続けて読まないこと。

【D-14】

　訳書に、エウリーピデース『ヒッポリュトス』などがある。

◗ 解説 ◖

　読みで表現するのは難しい。
　二重かぎを読むほうがわかりやすい。

【D-15】

　1975年にポルトガルが植民地であったアンゴラとモザンビークを放棄すると、ソ連はキューバ兵を送り込んで、共産主義志向の政権の維持を援助した。

◗ 解説 ◖

　植民地であったのはアンゴラとモザンビーク
　ポルトガルが、（マ）↑植民地であったアンゴラと…

【D-16】

　生活安全部特命係は2人だけ。“陸の孤島”といわれる“窓際”だ。<u>そん</u>な組織から煙たがれる2人が難事件を解決するところに見る側は自分を重ね、溜飲をさげる。

◖ 解説 ◗

そんな／組織から煙たがれる2人

【D-17】

　こうして、<u>アメリカ的、エイジズムという</u>横文字がぴったりとする老人差別が定着した。

◖ 解説 ◗

「アメリカ的エイジズム」と読まないこと。
「アメリカ的」と「エイジズム」の違いを明確に。

【D-18】

　したがって、バリアフリーは、人を人から<u>隔離すること（それが“死”を意味するのは、明らかだ）</u>なく、人と人の間の精神的、物理的障壁を取り除き、人と人のつながりを実現する、つまり人間を復権する実践課題ということになる。

◖ 解説 ◗

かっこを読み込んだほうがわかりやすい。かっこの位置を移動しないこと。

【D-19】

　子供たちの悲鳴を集めることを仕事にする“モンスターズ株式会社”。エリート社員が、人間立ち入り禁止の社内で少女を発見。社員は<u>仕事のパートナーと、少女を人間界に戻そうとする。</u>

◖ 解説 ◗

読点を意識して読む。
パートナーと、（マ）少女を　「パートナーと少女を」とつなげない。

【D-20】

　妻のうらは戦後、執筆に追われる夫の内助に回り、出版社や映画会社との交渉窓口のような存在になった。マージャン好きで、万事に控えめな夫と対照的に歯にきぬ着せず物を言った。

　「悪妻」という陰口もあったが、その飾らず開けっぴろげな性格は、多くの関係者に愛された。

▣解説◨

　読点を意識して読む。

　「マージャン好きで万事に控えめな夫」にしない。

....

【D-21】

　財政について「国庫補助金を通じて国の基準をつくること、また地方警察が最低限度の基準に見合わなくなったときに国が代替することを用意することで防止することができる。」とのべているが、日本の中央政府はこの地方の窮状を意識的に放置してきたといえる。

▣解説◨

　この／地方の窮状を

　「この地方」と読むと「特定の地方」の意味になってしまう。

....

【D-22】

　教授が指導する学生の卒論を見せてもらった。「米国映画におけるマイノリティ」「二ヵ国語教育」「カリブ海文学」。「日本と米国」とか「米国の中の日本」という視点をすでに離れ、米国そのものに飛び込んでいる。

▣解説◨

　句点を意識して読む。

　タイトルは 前３つのみ。

....

【D-23】

　国井が最近報告したところによると、本邦の 30 家系の 240 人の同胞中、患者は 117 人で<u>健病</u>が 1：1 となり、単純優性遺伝の法則とよく一致する。

◗ 解説 ◖

　健／病

....

【D-24】

　G. オーウェルの<u>『1984 年』</u>のテレスクリーンのように、管理する者によって悪用される<u>可能性</u>はないのか。

◗ 解説 ◖

　『１９８４年』は書名。二重かぎを読むほうがわかりやすい。
　音声表現が可能なら、それで OK。

....

【D-25】

　一方、<u>大庭みな子『津田梅子』</u>、<u>久野明子『鹿鳴館の貴婦人大山捨松』</u>といった、明治初期に欧米文化を受けとめ、異文化間コミュニケーションに寄与した女性の伝記も注目されている。

◗ 解説 ◖

　著者名とタイトルの読み分け。
　タイトルが人名のみの場合はとくに注意が必要。

....

【D-26】

　かれは、三階まであるストアの中を必死になって探した。けれども、母親の姿は見付けられなかった。母親は自分を置いて帰ってしまったのかもしれない、とかんがえたかれは、<u>一人で、来た道</u>を逆にたどることにした。

◗ 解説 ◖

　読点を意識して読む。
　「一人で来た道」ではない。

....

【D-27】

　専攻は縄文中期。発掘現場と酒と野球をこよなく愛す。そんな髭面の考古学者が、「患者を強制隔離した国の責任をあいまいにした」と批判を受け、4月に運営法人が交代した資料館の再出発を託された。

■ 解説 ◀

「考古学者が」（マ）↑「患者を〜資料館の再出発を託された。」
「患者を〜交代した」までが「資料館」にかかる。

....

【D-28】

　人類は一つの家族だという言い方の中には動物としての同一性の認識があって、文化の型が違っても、その物質的基盤、つまりアニマル・マンとしては同じではないか、そしてその上に生殖し、食物をとり、子供を育て、少なくとも自分の生活の型を再生産し（教育）、死体を処理する等々の基本的な共通のパターンがあるという認識がある。

■ 解説 ◀

（教育）は「再生産し」につなげ、つぎの読点で十分間（マ）をとって。

....

【D-29】

　現在の第10改正薬局法（1981）ではバルビタール、フェノバルビタールのほかアモバルビタール（アミタール、イソミタール）、チオペンタール（ペントタール、ラボナール）などが残されているにすぎない。

■ 解説 ◀

（　）をおとす。チオペンタールをあげる。
音声表現が難しい場合は、カッコを読む。

....

【D-30】

　この調査は、1945年11月に、民政局の政府の組織構造に関する研究と歩調を合わせて実施された。

■ 解説 ◀

民政局の／↑政府の〜に関する研究

....

【D-31】

　ところが、高血圧のある 50 才の男の人は 22 年間に 1,000 人中 630 人が心筋梗塞で死にます。

◖解説◗

高血圧のある／50 才の男の人
✕ある 50 才の男の人

【D-32】

　その時、美那ちゃんと、山原先生が捨てられたようで可哀そうだと内緒話をしたように思う。

◖解説◗

美那ちゃんは内緒話の相手。美那ちゃんと（マ）、「山原先生が〜」と読む。

【D-33】

　05 年の耐震強度偽装事件で取り壊された東京都稲城市のマンション。住民平均 1700 万円の追加負担で新住居が完成した。建て替え組合の理事長、赤司俊一さん（41）は「みんなで勉強して建てたマイホーム。単なる購入者同士の付き合いではない、住民の輪が育った」。
　「それまで火災現場に近づく市民は『消火の妨げ』だと思っていた。阪神大震災で助け合いの大切さが身にしみた」。神戸市消防音楽隊の山本将吾さん（41）は、小中学校などを「いのちのコンサート」で回る。

◖解説◗

「 」の区切りをきちんと伝えること。続けて読まない。

【D-34】

　ペルシャ湾ないしはアラビア湾沿岸の港まで鉄道を建設すれば、ロシアのペルシャとその周辺諸国への影響力はさらに強くなっただろう。

◖解説◗

ロシアの／↑ペルシャと〜への影響力

【D-35】

　<u>さらに西側に近い</u>国々があり、それらは近い将来ソ連寄りになるとは見られていない。

◘ 解説 ◙

　続けて読むと、「もっと西側に近い」の意。
　切って読むと、「さらに／西側に」の意。
　文意をつかんで正しい読みで読むこと。

....

【D-36】

　<u>国家の経済への介入</u>、国家による経済活動の人為的管理の体制が世界的規模で定着するのは第二次世界戦争後であった。

◘ 解説 ◙

　国家の／↑経済への介入
　続けて読まないこと。

....

【D-37】

　<u>この企業の独占的支配力</u>、国家の財政支出、管理通貨制度の三本の柱によって支えられている、すぐれて現代的現象の重要性は、いくら強調してもしすぎることはない。

◘ 解説 ◙

　この／↑企業の独占的支配力
　「この」は「すぐれて現代的現象の重要性は」にかかる。
　続けて読むと 特定の企業を指してしまう。

....

【D-38】

　何か苦しい経験をすると、後でそのときにかかわりをもった対象に魅力を感ずるようになる<u>という</u>、<u>報酬とか強化</u>によっては説明の困難な現象があることが知られている。

◗ 解説 ◖
　「、」と「。」の読みの違いに注意。
　「という」を下げて読むと、文章がそこで終わったように聞こえる。

....

【D-39】

　南イエメンがバブ・エル・マンデブ海峡を封鎖してイスラエル船を通さなかった事実から、アラブ諸国は同国を対イスラエル紛争<u>により積極的に</u>組み込もうとした。

◗ 解説 ◖
　〜に「より積極的に」

....

【D-40】

　「清太郎の五人の女房のうちでは、何といってもさだが一だった。何でもきりきりしてるし、<u>因業でねえ</u>。一家うちへの料簡も立派なもんだ。ひとつ難くせつけりゃあ、ちょいとばかし可愛げがないとこだ。つんと澄ましてばかりじゃ<u>とりなしようもねえ</u>。」

◗ 解説 ◖
　因業でねえ＝因業でない

　とりなしようもねえ＝とりなしようもない

....

【D-41】
　そもそも、福祉事務所では「一般的な相談」はあり得ない。相談事項は特定され、福祉六法（<u>生活保護法と身体障害者、精神薄弱者、児童、老人、母子の各福祉法</u>）に適合するか否かの相談であり、藤子さんの場合も生活保護法の適用になるかどうかを判断すればいいので、そのためにはまず、生活保護の申請を受け付けるべきである。

◗解説◖
　生活保護法と／身体〜　　続けて読まない。

....

【D-42】
　重鎮白石加代子は豊かな口跡によって、<u>パックを演じる複数の俳優の中の一人</u>、林永彪は京劇風アクロバシーによって、舞台に生気をあたえる。音楽は宇崎竜童。

◗解説◖
　「パックを演じる複数の俳優の中の一人」が前後どちらの文に続くか考えて読むこと。
　　俳優の中の一人＝林永彪
　　〜よって（マ）、「（パックを演じる複数の俳優の中の一人）林永彪は」

....

【D-43】
　ユング派の心理学者の林道義東京女子大教授は、人格の悪の要素として、<u>支配欲と、自己抑制力が欠けている</u>ことを挙げ、前者は母性の過剰か不足、後者は父性の喪失によって、それぞれ、子供のころから、強められていくという。

◗解説◖
　「支配欲」と「自己抑制力が欠けている」続けて読まない。
　「前者」は「支配欲」、「後者」は「自己抑制力が欠けていること」
　「支配欲と」↘（マ）↗「自己抑制力〜」

....

【D-44】

　ツチ族主導の政権が生まれ、内戦がおさまった今も、人々の傷はいえない。妊娠を告げたとたん、泣き崩れる女性が、日を追って増えた。自分の家族を殺した<u>男の子を、宿さねばならなかった女性</u>たちだ。

▶ 解説 ◀

　読点どおりに読むと、文意が正しく伝わらない。
　男の（マ）子を宿さねばならなかった

....

【D-45】

　次に注意しなければならぬのは個々の<u>家族にある形質が</u>集積するということから、その遺伝性を軽率に速断することである。

▶ 解説 ◀

　家族に／ある形質が
　○「或る形質」　　✕「家族に有る」

....

【D-46】

　阿部康子さん（声楽家。音楽評論家阿部正雄さんの妻）

▶ 解説 ◀

　「声楽家」は、どちらにかかるか。　　阿部康子さん→声楽家（マ）

....

【D-47】

　第2節　京<u>と</u>鎌倉
　1．京都<u>／</u>鎌倉

▶ 解説 ◀

　第2節 京（マ）と鎌倉　　1．京都（スラッシュ）鎌倉

....

【D-48】
　プラトン『ソクラテスの弁明　クリトン』久保勉訳、岩波文庫。

◗ 解説 ◖
　二重カギを読む。音声表現では難しい。

....

【D-49】
　ビービらの 1950 〜 74 年、広島・長崎の固定人口集団における死亡診断書調査によると、尿路系癌による死亡率と被ばく線量との間に関連があることが示唆されている。<u>1950 〜 74 年間を</u> 4 年ごとに区分してみると 1967 〜 70 年の間のみ有意の増加を高線量群にみとめている。

◗ 解説 ◖
　✘ 74 年間　　こう読むと、2024 年になってしまう。
　74 年（マ）間を

....

【D-50】
　さらに彼らは、経済社会理事会に対して、すべての締約国が批准後は法的に<u>拘束される、</u>実際の集団殺害防止条約の草案を慎重に作成して次の段階の行動に移るよう要請した。

◗ 解説 ◖
　「拘束される。」にしないこと。

....

【D-51】
　コード化とプログラム化の差異に見られるこの特質は、外部からの干渉（ここでは<u>政治の経済への干渉</u>）にさいして利用される。

◗ 解説 ◖
　政治の（マ）経済への

....

【D-52】

　彼は、いろいろの病気のふたごを観察して、双生児病理学の道をひらいただけでなく、類似診断法によるふたごの<u>卵性</u>の診断をはじめた。

◘ 解説 ◙

「男性」と聞こえないように発音すること。
「ら行」と「だ行」の発音は似ているので要注意。
例；１９８０年代（ダ）　　１９８０年来（ラ）
　　　溺死（デ）　　　　　轢死（レ）

....

【D-53】

　ただ、竹やり訓練には出ていました。「これで戦争に勝てるか」って言いながら。<u>近所づきあいを気にするお袋に、「頼むから顔だけは出して」と懇願されたからです。

◘ 解説 ◙

句点をしっかりマをとって読むこと。
「～言いながら近所づきあいを～」と続けないこと。

....

【D-54】

　１級普通免許状を得るには<u>最低学士号</u>が必要であり、２級普通免許状のためには大学における２年間の教育が必要であった。

◘ 解説 ◙

最低／↑学士号が

....

【D-55】

　ストックホルム中央教会の説教者となったが、教会領の独立に反対する国王と疎隔を来し、国王暗殺計画の懺悔を聞きながらこれを国王にうち明けなかった廉で死刑を宣せられたが<u>（1540 年）</u>、教会の嘆願で赦されて復職し、活動をつづけた。

◘ 解説 ◙

（1540 年）は、どちらについている年号かわかるように読む。

....

【D-56】
錦織は 35 歳のベテラン、ベッカーに 2 連勝中だ。

◗ 解説 ◖
錦織は／（マ）35 歳のベテラン、ベッカーに

【D-57】
こうした市民活動の盛り上がりを受けて、98 年 3 月、NPO 法が成立。日本船舶振興会は震災後の 96 年から、「日本財団」の通称で NPO の <u>支援により力を</u>入れるようになった。

◗ 解説 ◖
支援に／より力を

【D-58】
SMAP、元マネージャーと「キムタク抜き」で中国進出！？

◗ 解説 ◖
元マネージャーと（マ）↑「キムタク抜き」で
「元マネージャーとキムタク」と読まないこと。

【D-59】
<u>日米韓</u>の同業数社の役員がハワイに集まり、ホテルの一室で不正なカルテルを結ぶ。飼料添加物の価格操作が狙い。

◗ 解説 ◖
日／米／韓　　続けて読むと、日米間に聞こえてしまう。

【D-60】

　そして、昭和16年には、神奈川県二宮に隠棲し、<u>戦後、26年（1951）</u>に他界している。

▶ 解説 ◀

　戦後（マ）26年（＝昭和26年）読点の意味を考えて。

　「戦後26年」と続けると、1971年になってしまう。

....

【D-61】

　保守連合を率いるアボット首相は昨年9月、6年ぶりに労働党から政権を奪回。就任直後に日本を「アジアの親友」<u>と呼び、「親中派」</u>とされたラッド前首相と対照的な姿勢を見せた。

▶ 解説 ◀

　〜と呼び、（マ）↑「親中派」と〜

　「親中派」が前に続かないように。

....

【D-62】

　筆を使って洋紅を二か所ぽんぽんと乗せることでピンクの<u>唇を、真っ黒な</u><u>線を</u>二本入れることで一部白くなった金色の眉毛を際立たせた。

▶ 解説 ◀

　〜唇を↓（マ）↑真っ黒な線を〜

　前半の文章と後半の文章の内容が異なる場合、「、」を「。」のように処理すると理解しやすい。

....

【D-63】

　いくつかの証言を信じるなら、デュオを決定的に有名にしたナンバーは『ショコラ、それは<u>僕』</u>だ。

▶ 解説 ◀

　『ショコラ、それは僕だ』にしない。

....

【D-64】

　著者のこの評論からすれば、維新の大業（たいぎょう）の大曲（たいきょく）を定めたのは、西郷、これを具体的な現実におろしていった功労者が、木戸・大久保。大村・伊藤・山縣らは、これを個々の現実に制度化していった技術官僚。

◗ 解説 ◖
　続けて読まない。

【D-65】

　70 を過ぎて、『赤毛のアン』の訳者となった村岡花子に仕事の紹介を頼む文を送っている。

◗ 解説 ◖
　70 を過ぎて（マ）
　村岡花子につなげない。

【D-66】

　商店街を歩きながら、ばあちゃんが好きだったラーメン屋もなくなっていると気がつく。あそこでコーラを飲ませてもらって、嬉しかったんだ。太ったおじさん、そっくりの娘さん。やせて気の強いおばさんが亡くなって、閉めたときいた。

◗ 解説 ◖
　娘さん↓（マ）↑やせて……
　亡くなったのは誰かわかるように、読点と句点をしっかり意識して読むこと。

「正しいアクセントで読むこと」が大事なのではなく、「文章を正しく伝えるために」正しいアクセントで読むことが求められるのです。

アクセント辞典で複数のアクセントが認められている場合は、どれを採用しても可。

また一冊を通して同じアクセントで読む必要もありません。

【D-67】

杉田玄白の『蘭学事始』は筆写本だった。幕末、その一本を神田孝平が湯島の露店でみつけたときはほとんど世から忘れられていたが、福澤諭吉がこの内容に感動し、明治二年（1869）という維新の騒然たる時期に、自費で刊行した。

◖解説◗

　　イッポン（一冊の本）　　　　イッポン（数）

【D-68】

文章もリズミカルで、「同年同月同日に生まれなかったことは是非もないとしても、ひたすら同年同月同日に死なんことを願う」という名セリフなど、いかにも講釈師が朗々と語った調子を感じさせ、いささか神話的な三人の集結のシーンを、作り物めいた「お話」と感じることなく受け入れさせる勢いがあります。

◖解説◗

　　　ドージツ（その日）　　　　　ドーゲツ（その月）

　　　ドージツ（同じ日）　　　　　ドーゲツ（同じ月）

【D-69】

　ただ、時々の選挙で吹く風は時に気まぐれに見え、有権者の底意に後から気付くことがある。

▶解説◀

　　トキドキが正しい

【D-70】

　しばらく行くと、坂の右手の斜面にプールがふたつ、段々にならんでいる。

▶解説◀

　　ダンダン（名）「階段状に」の意　　　　　　cf. ダンダンニ

【D-71】

　但し右は「病院坂首縊りの家」に於ける奇怪な結婚式一件に関する調査費の内金。

▶解説◀

　　右はミギ

　　一件はイッケン（一件落着 例のことの意）

参考資料

ことばの広場　校閲センターから
「早急」は、さっきゅう？　そうきゅう？　歴史も親しみも 両者に軍配

　「早急」の読み方は「さっきゅう」が正しいのに、「そうきゅう」という人が増えた、とのメールが何通か届きました。

　「早」を「さっ」と読むのはなぜでしょうか。日本語では、音読みの末尾が歴史的仮名遣いで「ふ」となる漢字が、tやkなどの音で始まる字の直前に来る時、つまる音になることが多いという法則があります。たとえば、納（なふ）＋得（とく）は「なっとく」となります。

　「早」は歴史的仮名遣いでは「さう」なので、本来ならこの法則は当てはまりません。ＮＨＫ放送文化研究所の塩田雄大（たけひろ）主任研究員は「早の読みを『さふ』とする類推や誤解から、『さっ』の読みが広がったのではないか」と見ています。

　1603年刊行で当時の日本語の発音を知ることができる「日葡辞書（にっぽ）」を見ると、「早急」はありませんが、「早速」が「さっそく」と「そうそく」の両方の読みで載っています。400年前に「さっ」と「そう」が併存していたことが分かります。

　「早急」の読み方に関する議論も、昔からありました。塩田さんによると、戦前の1935年に既に「そうきゅう」がＮＨＫ内で検討されているそうです。この時は却下されましたが、世間では「そう」派も相当数いたと考えられます。

　さらに戦後、一般を対象とした60年代〜2011年の複数の調査では、いずれも「そう」派が6〜7割を占めます。ＮＨＫも91年以降、「そうきゅう」を認めるようになりました。

　一方、同じ調査で「さっ」派は毎回2〜3割。普通なら少数派は淘汰（とうた）されるはずですが、根強い支持を得ています。その一因として塩田さんは「『さっ』という音の響きが、いかにも物事をさっさとやる印象を与えるからでは」と指摘します。

　双方に歴史や親しみがあり、「どちらが誤りとは言えない」と塩田さん。両者に軍配、といったところでしょうか。

（広瀬集）

2016年9月28日　朝日新聞

盛り土の読み、なぜ「もりど」

東京都の豊洲市場への移転問題でよく出てくる「盛り土」は、なぜ「もりつち」ではなく「もりど」と読むのですか?

（神奈川県　男性　74歳、大阪府　無職男性　64歳ほか）

Ｒｅ：お答えします　　　業界用語　仲間意識高める？

質問を寄せて下さった一人は元首相の小泉純一郎さんです。小泉さんは辞書を引いたそうですが、「『もりつち』しか載っていなかったんだよ。なんで『もりど』っていうのか、不思議でしょうがない」。確かに広辞苑には「もりつち」しか載っていません。小池百合子・東京都知事も記者会見などで、時に「もりつち」と読んだこともありました。

大手ゼネコンの広報担当者に聞きました。「私たち建設業界では、造成工事で山の土を崩して平らにならすことを、『切り盛りする』と言うんです。そこから、切り土、盛り土、とも言います。一種の専門用語というか、業界用語です」とのことでした。

いくつかの辞書や土木関係の用語集には「もりど」という読み方も併記されており、「もりど」は間違いではなさそうです。では、なぜ「もりど」と聞くと、違和感を持つ場合があるのでしょうか。国語学者の金田一秀穂さんに聞きました。

「普通は音読みか訓読み、どちらかを重ねて読むんです」。たとえば「携帯」は音音読み、「盛り土」だったら訓訓読みとなります。例外が「重箱」のような音訓読みや「湯桶」のような訓音読みです。これらは「特別な言い方」だそうです。「盛り土」も訓音読みになります。

金田一さんによれば「一般用語を使わず、仲間うちだけに通じる特別な言い方をして仲間意識を高めたり、権威やヒエラルキーを示したりすることがあるんですが、これもその一種ではないでしょうか」。

そういえば、自治体関係者は「首長」を「くびちょう」と読むことがありますね。

（編集委員・秋山訓子）

2016年10月1日　朝日新聞

ことばの広場　校閲センターから
ひなんしょ？　ひなんじょ？

　「避難所」の読みは「ひなんしょ」か「ひなんじょ」か。読者から質問が届きました。濁らないのは主に西日本、濁るのは東日本では、とのご意見です。

　東西での発音の違いは確かにあり、「研究所」「停留所」などの「所」も、西は濁らず東は濁る傾向があるとされます。

　ＮＨＫは、「避難所」の読みの清濁を両方認めています。ただ、ＮＨＫ放送文化研究所のサイトにある「ことばウラ・オモテ」には、阪神淡路大震災のとき、「じょ」が便所を連想させ「汚く聞こえる」との声が被災地の住民からあり、放送で「しょ」と発音したとあります。

　「じょ」と読むのを避けたくなる理由には、濁音が与える負の印象がありそうです。「ごうごう」「だらだら」といった擬音・擬態語や、「ずる」「どじ」など良くない意味の言葉によく使われ、不快感をもたらしがちです。

　しかし、「ひなんじょ」とするにも理由があります。一つは「ん」などの直後の音が濁る「連声濁（れんじょうだく）」が関係していることです。「ひなんじょ」も「ん」の後です。ただ、「観測所（じょ）」のように「所」の前が次を濁らせる音ではないのに「じょ」になることが多い例もあります。

　「所」には古くから、「公文所（くもんじょ）」「御学問所（おがくもんじょ）」などの連声濁がみられます。これらに影響され、現代でも「所」が濁ることが多いのかもしれません。

　もう一つ考えられる理由が、「連濁（れんだく）」です。「くさばな」など、日本でできた和語が二つ以上合わさると後ろの語の頭が濁る現象で、漢語などの外来語には起こりません。ただし例外もあり、漢語を合わせた「避難所（じょ）」「観測所（じょ）」などは例外で濁る、とも解釈できます。

　とはいえ、古語と違って現代語は連声濁が起きないこともあり、「ひなんしょ」も今では自然な発音です。「ひなんしょ」も「ひなんじょ」も、それぞれ理屈が立つと言えそうです。

（田島恵介）

2017 年 4 月 12 日　朝日新聞

おわりに

　新聞に掲載された「朗読者募集」という小さな記事にひかれて、日本点字図書館を訪れたのは大学2年生のときでした。幼い頃から読書が大好きで「本の虫」と呼ばれていた私にとって、それは偶然ではなく必然の出会いだったと思われます。以来55年にわたり、さまざまな分野の書物を音声でお届けするこの仕事を続けてまいりました。

　私がここまで来られたのは、「音訳」について忌憚なく意見交換することができ、音声だけで内容を正しく伝えることの難しさを教えてくれた利用者の方たちの存在があったからです。音訳上の処理に悩んでいたときに、的確な助言をしてくださった図書館職員であり、利用者である方たち、対面朗読中に共に図や写真の伝え方を考えてくださった方たち、また時には「その読み方では内容が伝わらない」と厳しいダメ出しをしてくださった方たち等々。

　この事例集を発表するにあたり、これまで出会ったすべての利用者の方たちに心より御礼申し上げます。

　最後になりましたが、より良い音訳を目指して、日々研鑽を積んでいる音訳者の方たちにエールを送ると共に、何かの折にこの事例集を参考にしていただけましたら幸いに存じます。

遠藤美枝子

著者 遠藤美枝子
略歴

1967年、大学在学中より日本点字図書館録音ボランティアとして活動を開始。その後、都立中央図書館、横浜市立中央図書館、オフィス・コア、東京都盲人福祉協会などで音訳に従事。また都立中央はじめ都内、関東各県、静岡、三重、新潟などの図書館やボランティアグループ、日本フィランソロピー協会、読売文化センターなど各機関にて音訳講師をつとめ、現在にいたる。
2017 (平成29) 年12月「障害者の生涯学習支援活動」に係る文部科学大臣表彰を受ける。

音訳事例集
ことば・文章の読み方編

2024年2月1日初版発行
2024年9月30日初版2刷発行

［発行・編集製作］
有限会社 読書工房
〒171-0031
東京都豊島区目白2-18-15
目白コンコルド115
電話：03-6914-0960
ファックス：03-6914-0961
Eメール：info@d-kobo.jp
https://www.d-kobo.jp/

［著］
遠藤美枝子
［制作協力］
有限会社 オフィス・コア
［印刷製本］
株式会社デジタル・オンデマンド出版センター